Q
♥

历 II 史
的
何忆◎著
底 牌

♠
Ɓ

台海出版社

图书在版编目（CIP）数据

历史的底牌 . II / 何忆著 . —— 北京：台海出版社，2024.5

ISBN 978-7-5168-3835-8

Ⅰ . ①历… Ⅱ . ①何… Ⅲ . ①中国历史—通俗读物
Ⅳ . ① K209

中国国家版本馆 CIP 数据核字（2024）第 070634 号

历史的底牌 . II

著　　者：何　忆	
出 版 人：薛　原	封面设计：仙　境
责任编辑：赵旭雯	版式设计：马宇飞

出版发行：台海出版社

地　　址：北京市东城区景山东街 20 号　　邮政编码：100009

电　　话：010-64041652（发行，邮购）

传　　真：010-84045799（总编室）

网　　址：www.taimeng.org.cn/thcbs/default.htm

E－m a i l：thcbs@126.com

经　　销：全国各地新华书店

印　　刷：河北鑫玉鸿程印刷有限公司

本书如有破损、缺页、装订错误，请与本社联系调换

开　　本：710 毫米 ×1000 毫米	1/16	
字　　数：200 千字	印　　张：16	
版　　次：2024 年 5 月第 1 版	印　　次：2024 年 5 月第 1 次印刷	
书　　号：ISBN 978-7-5168-3835-8		

定　　价：48.00 元

前　言

　　历史，孕育了太多的传奇与谜团。在中华五千年的岁月长河中，无数事件和人物交织在一起，无数未解之谜等待着后人解开。这些谜案或许是远古时代的神秘传说，或许是王朝更迭的隐秘历史，抑或是历史人物的失落真相。它们隐于稗史野集，流传于市井街巷，散佚于纷飞战火。它们的形成有的是历史的偶然，有的则是别有用心之人的刻意掩盖。它们像是历史的暗流，永远在历史的深处奔涌不休。

　　"闲云潭影日悠悠，物换星移几度秋。"历史的洪流浩浩汤汤，永无止歇，几番沧海桑田过后，无数真相被尘封在历史的角落。即使一代又一代的后人孜孜不倦地研究、探索，诸多历史谜案依旧众说纷纭，莫衷一是。从秦始皇铸造十二金人之谜，到阿房宫毁灭真相；从"金缕玉衣"长生不老疑团，到丝绸之路东方起点之谜；从宋仁宗龙种身份迷局，到明太祖屠杀宫女悬案……我们所知的，往往只是冰山一角，而历史的底牌，依旧未现。

　　近年来，随着多种文物的出土以及各种史料的不断面世，让许多历史谜案有了切实的物证支持，真相正在一步步揭晓，那些尘封已久的秘密即将展露在我们的面前。可直到这时，我们才会发现真实的历史远比传闻更加曲折难测。

比如阿房宫焚毁之谜。在杜牧的《阿房宫赋》中描述了阿房宫的焚毁情景："戍卒叫，函谷举，楚人一炬，可怜焦土！"这里的"楚人"指的便是项羽。因此，在杜牧的视角里，项羽是焚毁阿房宫的罪魁祸首。这种观点经过民间的口耳相传和各种文艺作品的演绎，流传甚广。于是两千多年来，人们都将火烧阿房宫的账记在了项羽头上。

直到考古学家对阿房宫遗址进行了全面、细致的勘探，才发现阿房宫并没有被火烧的痕迹。而且整座阿房宫只有前殿刚建成了一个台基，其他工程尚未动工，也就是说，项羽入关时阿房宫根本没有建成。《史记》中的一条记载也从侧面证明了阿房宫完全是一个"烂尾工程"："四月，秦二世还至咸阳，曰：'先帝为咸阳朝廷小，故营阿房宫。为室堂未就，会上崩，罢其作者，复土郦山。郦山事大毕，今释阿房宫弗就，则是章先帝举事过也。'复作阿房宫。"但是这年七月，陈胜、吴广就反了，短短三个月，显然建不成阿房宫。所以项羽完全没有必要渡过渭河来放火烧一个没有宫殿建筑的夯土台子。

那么，历史记载难道错了吗？首先可以确定的是，项羽确实对咸阳采取了烧、杀、抢、掠的政策。《史记·秦始皇本纪》《史记·项羽本纪》均有记载，然而并没有明确提到烧的是阿房宫，很可能是秦朝的其他宫殿。所以传说认为项羽烧了阿房宫是错误的。由此可见，历史上许多悬而未决的谜题疑案，其实是可以通过严谨的考证和推理解开的。

本书便是对这类历史谜案的深度解析。全书汇集了大量匪夷所思的远古谜团、历代悬案、宫廷秘闻、民间传说，在综合历史研究成果的基础上，以悬念丛生的故事性笔法，展示谜案抽丝剥茧式破解全过程，将历史传说的科学性、知识性、探索性、趣味性融为一体，引领读者走进历史的深处，探索那些或被遗忘或被误解的历史真相，挑战既定的认知，掀开历史的底牌。

目 录
Contents

刘备"换妻如换衣"之谜　/048

关羽真的不近女色吗　/052

"三请诸葛亮"是真是假　/056

诸葛亮七擒孟获是真是假　/061

北朝众帝后出家之谜　/083

这些皇帝修建的寺庵，名为寺院，实是帝后优游享乐的另一处别宫，被废黜的帝后只是失去了内主之尊，而在物质生活上与宫内差异不大。若从这个角度来看，北朝帝后为尼与被贬入冷宫相比，是一种优待，这无疑会刺激和吸引失败的帝后入庵为尼。

 武则天 17 个年号背后的玄机　/087

武则天是唐高宗李治的皇后，高宗去世后，武则天相继废掉两个儿子中宗和睿宗，自己做了皇帝。武则天当政后，以太后名义临朝称制时起了 4 个年号，当了大周皇帝后又起了 13 个年号。这么多年号，武则天都是怎么起的呢？

 上官婉儿为何不报灭族之仇　/092

武后心狠手辣，先下手为强，她让大臣许敬宗捏造上官仪和已经被废的太子李忠图谋反叛，将上官仪父子处死，籍没其家。上官婉儿入宫后，不但不设法报灭族之仇，反而死心塌地地服侍武则天，这是什么原因呢？

 唐朝望族为何不愿迎娶公主　/097

出身豪门望族的贵公子，都以能够与皇家喜结连理而自豪。然而，这并非历朝历代的一个普遍现象，大唐盛世时期的豪门望族就是个例外。有着显赫家庭背景的士大夫不愿意娶公主为妻，这听起来有点不可思议。那么，这究竟是怎么回事呢？

蒙古骑兵为何能横扫欧亚　/ 183

郑和下西洋所乘宝船存在吗　/ 188

大英帝国为什么向明朝赔款　/ 193

郑成功是怎样收复台湾的　/ 197

荆轲刺秦王的真相

　　"荆轲刺秦王"这个中国老百姓耳熟能详的故事，将荆轲塑造成了一个具有大侠胆识，又浑身充满正义感的英雄。那么，荆轲是为了什么去刺杀秦王呢？真实的荆轲真的是一个武功高强的英雄吗？

　　据《史记·刺客列传》记载：荆轲本是卫国人，其先人乃齐国人，后来秦灭卫国，他逃亡到了燕国。在燕国，荆轲不被当局者重用，整日在市井放歌纵酒，酒醉之后往往与好友高渐离等相对而泣，旁若无人。荆轲"好读书击剑"，"虽游于酒人乎，然其为人沉深好书"。后来燕太子丹找人行刺嬴政，首先找到田光，田光因年老力衰，故而推荐了他门下的荆轲。荆轲起初推辞过，但太子将他尊为上卿，给予他极为优厚的礼遇。荆轲本打算再等一个能助其一臂之力的朋友共赴秦国，但因太子丹催之甚急，只得带领秦舞阳离燕赴秦，慨然践诺。

　　荆轲出发前，做了三项周密准备：由勇士秦舞阳陪同荆轲行刺；

带上秦王一直想杀死的叛将樊於期的人头；拿上燕国打算献给秦王的最肥沃的燕地督亢地区的地图。这后两项准备，当然是为了取信于秦始皇的安排，那卷地图更有特别功用，里面藏着刺杀秦始皇，淬过了烈性毒药的锋利匕首。秦始皇见荆轲带着樊於期的人头，又听说燕国欲献大片土地，兴奋不已。他打开地图，地图全部展开时匕首出现了。荆轲一个箭步跑过去，拿起匕首，又拉住秦王，但秦始皇挣脱而逃，衣袖都撕断了。二人围柱追逐一番之后，秦王才知抽剑砍伤荆轲，众大臣、侍卫随后用乱刀将荆轲杀死。

清　丁善长　《历代画像传》荆轲像

"荆轲刺秦王"这个中国老百姓耳熟能详的故事，将荆轲塑造成了一个具有大侠胆识，又浑身充满正义感的英雄。那么，荆轲是为了什么去刺杀秦王呢？真实的荆轲真的是一个武功高强的英雄吗？

据《史记》所载，燕太子丹当时是这样嘱咐荆轲的："诚得劫秦王，使悉反诸侯侵地，……则大善矣；则不可，因而刺杀之。"这就是说，至少燕太子丹起初是想生擒秦王嬴政，胁迫他退还已侵占的诸侯国领土，如果这一步能取得成功，他们未必想害嬴政的性命，倘若嬴政不肯，他们才准备杀掉他。

关于荆轲其人，《史记·刺客列传》记载："荆卿好读书击剑，以术说卫元君，卫元君不用。""荆轲尝游过榆次，与盖聂论剑，盖聂怒而目之。荆轲出，人或言复召荆卿。盖聂曰：'曩者吾与论剑有不称者，吾目之；试往，是宜去，不敢留。'使使往之主人，荆卿则已驾而去榆次矣。使者还报，盖聂曰：'固去也，吾曩者目摄之！'""荆轲游于邯郸，鲁句践与荆轲博，争道，鲁句践怒而叱之，荆轲嘿而逃去，遂不复会。""荆轲既至燕，爱燕之狗屠及善击筑者高渐离。荆轲嗜酒，日与狗屠及高渐离饮于燕市，酒酣以往，高渐离击筑，荆轲和而歌于市中，相乐也，已而相泣，旁若无人者。荆轲虽游于酒人乎，然其为人沉深好书；其所游诸侯，尽与其贤豪长者相结。其之燕，燕之处士田光先生亦善待之，知其非庸人也。"

这些记载的意思是：第一，荆轲最初曾想投靠卫元君，但是卫元君并不重用他；第二，荆轲与盖聂讨论剑法，言不及意不知所谓，盖聂瞪目鄙视，荆轲离走；第三，荆轲与鲁句践切磋，鲁句践怒骂他，荆轲不吭声，走后再也没有回去；第四，荆轲流落到了燕，受到田光的优待。

《史记》还记载："荆轲遂见太子，言田光已死，致光之言。太子再拜而跪，膝行流涕……久之，荆轲曰：'此国之大事也，臣驽下，恐不足任使。'太子前顿首，固请毋让，然后许诺。""久之，荆轲未有行意。秦将王翦破赵，虏赵王，尽收入其地，进兵北略地至燕南界。太子丹恐惧，乃请荆轲曰：'秦兵旦暮渡易水，则虽欲长侍足下，岂可得哉！'荆轲曰：'微太子言，臣愿谒之。今行而毋信，则秦未

可亲也。夫樊将军，秦王购之金千斤，邑万家，诚得樊将军首与燕督
亢之地图，奉献秦王，秦王必说见臣，臣乃得有以报。'"

这两段的意思是：知名隐士田光虽以命相荐荆轲于太子丹，但
荆轲却再三推辞，不敢受命。太子丹再三磕头，事已至此，却之不
恭，荆轲最后只得先勉强应承下来。荆轲答应了太子丹后，久久没有
行动，太子丹在秦军的攻势下敦促荆轲立即行动，荆轲提出了自己的
要求。

关于荆轲在出发前的情况，《史记》记载说："乃令秦舞阳为副。
荆轲有所待，欲与俱；其人居远未来，而为治行。顷之，未发，太
子迟之，疑其改悔，乃复请曰：'日已尽矣，荆卿岂有意哉？丹请得
先遣秦舞阳。'荆轲怒，叱太子曰：'何太子之遣？往而不返者，竖子
也！且提一匕首入不测之强秦，仆所以留者，待吾客与俱。今太子迟
之，请辞决矣！'遂发。"这段记载说明樊将军的脑袋和燕国地图都
备齐了后，荆轲仍然没有动身的意思，他还要等一个从远方赶来的搭
档。在太子丹的激将法之下，荆轲才终于有所行动。

一些史学家从以上记载以及《战国策·燕策》中的相关记载综合
分析认为，荆轲根本就不是我们想象中的擅长打斗的武士，他并不具
备做刺客的能力和本领。事实上，荆轲应该是一个战国时期常见的纵
横之士，他喜欢读书，善于游说，有一定的学问，可以说他是个侠
士，但他不是一个武夫。这就是为什么荆轲开始婉拒太子丹让他刺秦
的要求，后来又一拖再拖。他是在等一个真正的刺客，一个有能力行
刺的武士。但是太子丹不容许他再等下去了，所以他只好和秦舞阳一
起去，而秦舞阳只是一个在市井中杀人的小角色，到了秦王大殿里
自然吓得变了脸色。而荆轲只得自己来扮演这个他并不愿意扮演的角
色，最后死于秦宫。

秦始皇为什么不立后

秦始皇在长达 37 年的统治时期一直没有立皇后，其中的原因应该是多方面的，但究竟是什么决定性的原因使得他坚持不立后，史料中并未记载，我们今天也只能够凭借当时的点滴资料和想象进行猜测了。

秦始皇，姓嬴，名政，秦庄襄王之子，是首位完成中国统一的秦王朝的始皇帝，后人称之为"千古一帝"。公元前 247 年，秦王政 13 岁时即王位，因年幼朝政由太后和相邦吕不韦及嫪毐掌管。公元前 238 年（秦王政九年），嬴政 22 岁时，正式登基，"亲理朝政"。他自公元前 230 年至前 221 年，先后灭韩、赵、魏、楚、燕、齐六国，完成了统一中国的大业，建立起第一个以早期汉族为主体的多民族统一的封建大帝国——秦朝。秦王政认为自己的功劳胜过之前的三皇五帝，将大臣议定的尊号改为"皇帝"。

立后和立太子是中国古代后宫制度乃至君主政治的重要组成部分，自战国时期秦孝公始，立后之事便已制度化了。到秦始皇统一中国后更明确规定皇帝的正妻为皇后，皇帝的母亲为皇太后。但是历史却跟人们开了一个玩笑——秦始皇自己终生没有立皇后，他也是立后制形成以来唯一没有立皇后的皇帝，以至秦始皇陵园内一墓独尊而没有皇后墓，成为一个难解的历史之谜。

据历史资料记载，秦始皇13岁即位后，并未亲政，直到22岁，这9年正是古代男子要娶妻的时间，但秦始皇并未立后。秦始皇亲政后到39岁的17年是其自己掌权、统一六国的时间，尽管国事繁忙，但在后方立后也不费事，秦始皇仍未立后。从39岁到50岁时，秦始皇多在巡游路上，但是立后以"母仪天下"也花不了多少时间。秦朝虽是个短命的王朝，但秦始皇有充足的时间立皇后，但他为什么没有立后呢？

有人认为是家庭因素影响了秦始皇，据《史记·吕不韦列传》记载，秦始皇的母亲原是吕不韦的姬妾，吕不韦出于政治目的将已怀孕的赵姬献给异人（即秦庄襄王），后来赵姬至大期生子政；又据《史记·秦始皇本纪》记载："秦始皇帝者，秦庄襄王子也。庄襄王为秦质子于赵，见吕不韦姬，悦而取之，生始皇。"秦庄襄王死后，身为太后的她仍经常与吕不韦重温旧情。《史记·吕不韦列传》中记载："始皇帝益壮，太后淫不止。"后来，太后竟然又与缪毐私通，并生下两个儿子。缪毐甚至于酒后大骂众臣："我乃秦王假父，怎敢与我斗口乎？"母亲的失检行为令秦始皇恼羞愤怒，无地自容，使他心理压抑，性格变得极为复杂：内向、多疑、妄想、专制、暴虐、冷酷无情，把他变成了一个失去理性的暴君，最后彻底暴发，杀了两个私生子弟弟，将其母赶出咸阳，并迁怒于吕不韦，罢免其相国之职，后又下诏命吕不韦"速徙蜀中，不得逗留"！结果吕不韦因害怕被诛而服毒自杀。

后来，秦始皇虽然对自己的行为有所悔过，但至死未让太后再住咸阳。这充分反映了秦始皇所受到的心理伤害之重。专家分析认为，由怨母而仇视女人的心理阴影，使秦始皇长大后在婚姻能力上未能健康发展。宫中众多女人，仅仅是为满足他的生理需要。由母亲的行为而形成的心理障碍，也是秦始皇迟迟未立后的重要因素之一。

也有人认为秦始皇是要求过高，无合适的皇后人选，所以才未立后。秦始皇是中国历史上的第一个皇帝，加之又是他第一次实现了统一六国，秦始皇自命不凡，于是在挑选皇后时标准也非常高，期望能选一个才能与自己匹配的女人为后，但是这样的女人并没出现，秦始皇也就将立后之事无限期地拖延了下来。

也许有一件事情可以作为这种观点的旁证，那就是秦始皇并不宠爱统一六国后收入后宫的众多佳丽，他痛恨她们抛弃亡国

佚名 秦始皇冠冕图

之辱而媚悦新主的行径，但对守贞重节的女子却倍加赞赏。公元前210 年，秦始皇在全国各地巡狩。当他走到今浙江一带时，得知当地男女婚姻比较自由，经常发生逃婚事件，妇女死了丈夫可以再嫁。他认为这不符合封建道德和法规，便命人把诏令刻在石头上，不许再发生类似行为。这便是所谓的《会稽刻石》。其中有这样几句"有子而嫁，倍死不贞"，意思是指责那些寡妇带着儿子改嫁，这是背叛丈夫的不贞行为。又说"妻为逃嫁，子不得母"，意思是女子如果因为不满男方而另找对象，是淫荡的伤风败俗的行为，将来她的儿子都可以不认母亲，别人发现了杀掉她也无罪。秦始皇在《会稽刻石》中还明确表示：妇女守贞绝非一件普通的小事，而是关系天下"嘉保太平"的大事。据说有一个叫怀清的年轻寡妇，世代富豪之家，资产巨万。她丈夫死后，由她独自支撑家业，不再改嫁。秦始皇把她树为在全国提倡妇女贞节的典型，曾赐令她"旁座"，即与自己平起平坐，当时就连当朝丞相在皇帝面前也只能站着，可见秦始皇对怀清的推崇。秦始皇还为这名寡妇修筑了一座"怀清台"，用来彰扬她的事迹。

还有人认为这是秦始皇的性格使然。嬴政作为一个并不受宠爱的质子的儿子，在其 3 岁的时候，父亲异人将他们母子作为人质留在了赵国。在赵国所受的唾弃和鄙视加上回到秦国后复杂的政治斗争，以及母亲淫乱给自己造成的心理阴影，养成了他刻薄、多疑、暴戾的性格。他不希望自己在追求建立起一个统一的大帝国的最高理想时，还要分出精力用在女人身上，于是从不对女人付出真心，那就无从谈及立后了。

另外一部分人认为，秦始皇是为求长生延迟立皇后，但无奈还未立后就一命呜呼。秦始皇追求长生不老，对方术、炼丹术等情有独钟。公元前 219 年，秦始皇曾坐着船环绕山东半岛，一直流连了三个月。在那里，他听说在渤海湾里有三座仙山，叫蓬莱、方丈、瀛洲。在三座仙山上居住着三个仙人，手中有长生不老药，于是秦始皇派徐福率领三千名童男童女赴东海神山求药。但徐福一去不返，4年以后，也就是公元前215年，秦始皇又找到一个叫卢生的燕人，他是专门从事休仙养道的方士。秦始皇派卢生入海求仙，但卢生却趁机逃跑。这些并未让秦始皇放弃长生不老的愿望。秦始皇忙于追求长生不老，也就将册立皇后一事放到脑后了。

种种说法，不一而足，秦始皇在长达37年的统治时期一直没有立皇后，其中的原因应该是多方面的，但究竟是什么决定性的原因使得他坚持不立后，史料中并未记载，我们今天也只能够凭借当时的点滴资料和想象进行猜测了。

零叁 秦始皇铸造十二金人之谜

现在，由于一些技术等方面的原因，秦始皇陵墓的发掘工作暂时还不能开展，因此十二金人的下落问题至今仍是一个未解之谜。也许到了我们的考古技术达到可以发掘秦始皇陵墓的那一天，这个历史上的未解之谜才有可能被解开。

公元前221年，秦国军队向南攻齐，齐国土崩瓦解。这样，中国历史结束了长期的分裂、割据局面，出现了统一的、专制主义中央集权的秦王朝。战国的历史至此告终，中国历史又翻开了新的一页。秦灭六国以后，除了在原来政权机构的基础上调整和完善统一的、中央集权的封建国家机器，建立一套从中央到地方的、严密的统治机构和封建官僚制度外，还采取了一系列其他措施，其中有一条就是下令收缴天下兵器，铸成12个重千石的铜人，立于咸阳。

这12个大铜人屹立于秦都咸阳阿房殿前，因为铜是黄色的，所以又称作"金人"。它们身着外族服装，每个都非常巨大和沉重，个个都显得精神抖擞，英勇无比，日夜守护着秦王宫殿。铜人造形之大，制作之精巧考究，为历史上所罕见。在这方面，有很多历史书籍记载。据《三辅黄图》载："营朝宫于渭南上林苑中"；"可受十万人。车行酒，骑行炙，千人唱，万人和，销锋镝以为金人十二，立于宫门"。又据史书记载，铜人背后铭刻着李斯篆、蒙恬书："皇帝二十六年初兼天下，改诸侯为郡县，一法律，同度量"等字样。《史记·秦始皇本纪》也记载："二十六年……收天下兵，聚之咸阳，销以为钟鐻，金人十二，各重千石，置廷宫中。"贾谊的《过秦论》也有"收天下之兵聚之咸阳，销锋铸鐻，以为金人十二，以弱黔首之民"的记录。

秦代一石约折合现今 37.5 千克，以此推算，12 个大铜人就重达450 吨。秦始皇为什么要铸造 12 个如此巨大的铜人？围绕这个问题，存在这几种主要说法。

有人认为秦始皇在统一全国后，始终在忧虑和思考着如何长治久安、使江山传之万世的问题。而要坐稳天下、江山稳固，首先解决的一个问题就是应该收缴和销毁流散在民间的各种兵器。应该说，秦始皇收兵器造铜人，完全是出于政治上安定的考虑。

也有人认为秦始皇铸造铜人是出于迷信，是为了"祥瑞"。秦始皇相当迷信，曾封泰山，禅梁父，访神州，求仙人，轻信方士之言，竭力搜寻长生之药。《汉书·五行志》也记载："秦始皇帝二十六年，有大人长五丈，足履六尺，皆夷狄服，凡十二人，见于临洮。天戒若曰，勿大为夷狄之行，将受其祸。是岁始皇初并六国，反喜以为瑞，销天下兵器，作金人十二以象之。"这种说法有一定依据，但也有疑点，那就是秦始完全可以征集天下的铜料作为铸造金人的原料，何必非要下令收缴天下的兵器呢？

一部分学者还认为，秦始皇销毁兵器、铸造铜人，是表明今后不

明　佚名　《帝鉴图说·遣使求仙》插图

再将铜兵器作为主要作战武器。但是，这种说法同样有疑点，那就是虽然铁制兵器始于秦始皇之前，但到汉代才普遍化。秦始皇统一天下时，便决然把青铜武器废除不用，使百万军队全部换上铁制武器，以当时的制铁水平来说，是不可能的事情。

最让人信服的说法是：秦始皇这一举措的目的有两方面：一是为了夸耀武功、粉饰太平；二是为了防止人民反抗。实际上，秦统一后，曾采取不少措施防止人民反抗，而收缴天下兵器的做法，也是有先例的。《左传·襄公十九年》载，春秋时鲁国的季武子曾经"以所得于齐之兵，作林钟，而铭鲁功焉"。秦始皇铸铜人只是做得更为彻底，把民间的兵器也收缴了。根据《史记·秦始皇本纪》记载，秦统一后，秦始皇接受李斯的建议，不封国置王，他说："天下共苦战斗不休，以有侯王。赖宗庙，天下初定，又复立国，是树兵也，而求其宁息，岂不难哉！"于是"收天下兵，聚之咸阳，销以为钟鐻，金人十二，重各千石，置廷宫中。一法度衡石丈尺。车同轨。书同文字"。这里把"收天下兵"与"求其宁息"联系在一起，可以看出，秦始皇的意图是为了太平无事。他宣布"大酺"，举国同庆这一伟大胜利，表现出好大喜功的情绪，而铜人、钟鐻也是象征吉祥、天下太平的意思。此外，秦始皇巡游各地的刻辞，也都是夸耀武功、粉饰太平之语。

令人遗憾的是，今天我们已经看不到这12个金人的踪影了。那么，它们究竟到哪里去了呢？目前，关于金人的下落问题存在着三种猜测：有人认为，当初楚霸王项羽在攻克秦都咸阳后，曾经火烧阿房宫。在火烧阿房宫时，连同象征秦王朝永固的这12个金人也一起烧毁了。这种说法始于元明时期，证据并不充分。

还有一些历史学者指出，这12个金人是毁在董卓和苻坚的手上。

据《后汉书》和《三国志》记载：汉献帝初平元年（190 年），董卓"坏五铢钱，更铸小钱，悉取洛阳及长安铜人、钟鐻、飞廉、铜马之属以充铸焉"。晋人潘岳《关中记》载："董卓坏铜人，余二枚徙清门里。"也就是董卓将其中的 10 个金人销毁，并铸成铜钱，而剩下的两个被他下令迁到长安城清门里。到三国时期，魏明帝曹睿下令把这两个金人运到洛阳。当成千上万的工匠们将其运到霸城时，由于金人的重量太沉，不得不放弃了这个巨大的工程，于是就停止了搬运。到了东晋十六国时，后赵的石季龙又把这两个金人运到了邺城。后来前秦的秦王苻坚统一北方，他又把这两个金人从邺城运回长安销毁。至那时，存在于世间约 600 年的 12 个金人全部被销毁了。

还有一种比较乐观的看法，那就是因为 12 个金人是秦始皇生前的最喜爱之物，所以在秦始皇陵墓建造好后，这 12 个金人和其他精美的珍宝一起随着秦始皇的死去被当作随葬品葬于陵墓中了。

现在，由于一些技术等方面的原因，秦始皇陵墓的发掘工作暂时还不能开展，因此十二金人的下落问题至今仍是一个未解之谜。也许到了我们的考古技术达到秦始皇陵墓开掘的那一天，这个历史上的未解之谜才有可能被解开。

零肆 50万南下秦军后裔今安在

秦始皇三十三年（公元前214年），秦始皇命任嚣为主帅、赵佗为副帅，率领50万大军再次麾师南下，杀到岭南平定百越后，这50万大军去了哪里？是被秦始皇遣返回原籍，还是留在了岭南呢？

据《史记·主父偃传》记载，在秦军第一次南平百越时，赵佗、屠睢同为秦军主要将领。公元前218年，秦军第一次进军岭南。秦主将屠睢的军队在西线的西瓯地区惨败，屠睢被杀，"伏尸流血数十万"。东线的赵佗一路大军实行剿抚结合政策，得到越人支持，在闽越一带建立稳固基础。秦始皇三十三年，秦始皇命任嚣为主帅、赵佗为副帅，率领50万大军再次麾师南下，杀到岭南平定百越后，秦始皇在此设龙川县，而赵佗则成为龙川首任县令。但是，平定岭南后的50万大军去了哪里？是被秦始皇遣返了原籍，还是留在了岭南呢？史籍对此并无明确记载，但是一项发现却很可能揭开这个千古之谜的神秘面纱。

　　根据记载，赵佗任龙川县令后不久，中原动乱，赵佗乘中原农民起义之机，据岭自守，兼并了桂林、象郡，建立南越国，自称南越武王。他重视传入中原汉文化和先进的生产技术，并融合越地社会，使岭南生产发展，人民安居乐业，创下历史伟业。从任嚣、赵佗开始，岭南有了人类文明的标志——城堡和文字，发展冶铁业，社会经济发展进入了新的历史时期。历史上许多赞颂赵佗的诗篇，表明了人们对他的崇敬和怀念。1941 年，为纪念赵佗，龙川城改名为佗城。

　　据 2000 年第五次全国人口普查，我国汉族人口常用姓氏有 3000 个，《百家姓》收集了 438 个，让人觉得吃惊的是，一个人口仅有 2000 多的佗城村竟然就有 140 个姓氏，几乎占了《百家姓》的 1/3。不仅如此，佗城现在还存有五六十个古老宗祠，村子里大街小巷总能找到一两座隐蔽在民宅之间的古老宗祠。这些姓氏宗祠，是不是 50 万大军中的一部分在此安居、繁衍子孙后代的历史见证？

　　我们从历史记载的蛛丝马迹中，仿佛也能验证现在的佗城人就是秦 50 万大军中一部分将士的后裔。唐朝进士韦昌明（佗城人）所著的《越井记》中写道："秦迁中县之民于南方三郡，使与百越杂处。"所谓"秦迁中县之民"的史实，就是发生在赵佗成为龙川县令之后。也就是说，当年秦始皇为了开发岭南，曾下令将数十万"罪人"发配到岭南，这些"罪人"其实多是被秦所亡的贵族、官吏以及"赘婿""贾人"等，为了有效控制刚刚平定的"百越"以及监视从中原迁入的"罪人"，大量的武装力量是必不可少的，这也就为 50 万大军留在岭南提供了理由。当然，这 50 万大军不可能集结在一起，而是分散驻扎，而佗城很可能就是其中一部的驻扎聚居地。

　　为了能让平定岭南的大军安心地在岭南驻扎、生活，赵佗曾向秦始皇"求女无夫家者三万人，以为士卒衣补"，最终秦始皇"可其万五千人"。这些"无夫之女"很可能在从中原迁到岭南后，成了当时的"军嫂"。当然，1.5 万"无夫之女"对于 50 万大军是远远不够的，原本也是中原人的赵佗（今河北省正定县人）又鼓励中原人与南越人和睦相处，彼此通婚，这就从根本上解决了这些军人的生活问题。这样，平定岭南的大军有一部分在龙川长期驻扎了下来，繁衍生息。秦始皇时代，中原官兵都有姓氏，而当时岭南则基本无姓氏，这也就解释了为什么现今仅有 4 万多人的佗城镇却有 179 个姓。

但是，也有人对此提出了质疑。这些人认为：佗城是客家历史文化名县可以肯定，赵佗是秦时入粤第一人也无可怀疑，赵佗所带秦军在粤东北征战，后来成为客家人的主要一支也更毋庸置疑，但认为佗城的 179 姓人就是 50 万秦军的后裔，有以偏概全之嫌。这 179 姓人不可能都是秦军的后裔，而绝大部分姓氏的人还是千百年来通过各条渠道、各种形式集合到佗城来的。佗城姓氏这么多、这么复杂，原因有很多。赵佗入粤，在佗城建城是一个原因；后来的 1000 多年中原人的四次大迁徙迁入，也是一个原因；近百年，佗城人民与外地的交往日益频繁，又是一个原因。

对于质疑，认为佗城姓氏众多对揭开秦 50 万大军的去向之谜具有重要价值的人分析说：作为一个经济并不发达的山区小镇、村，作为一个只有 4 万多人口的镇居然有 179 个姓氏，2000 多人口的村居然有 140 个姓氏，这种文化现象在全国来讲都十分独特，如果没有 50 万秦军众多姓氏文化的肇始和积累，仅靠"交往""婚媾""向往"等因素，那是绝对不可能的。中国还有很多人口、规模、交通类似佗城的镇，有些甚至经济比佗城还发达、交通更便利，怎么没有出现如此多的姓氏？佗城作为岭南最早的城邑是无可厚非的，50 万南下秦军也是正史所载的，179 个姓氏从另一个方面见证了秦军的下落，这完全是客观、科学的，是绝非偶然的。

　　不管怎么说，佗城这 179 个姓氏和几十座姓氏宗祠遗址的发现，就是当年南下秦军中一部分在此驻扎、杂处、生息、繁衍乃至散行到岭南和世界各地的历史见证，是赵佗推行"与越杂处""和集百越"政策的延续和结果，从而使佗城成为岭南文化与中原文化结合的发轫之地，其文史价值和政治意义十分重要。

秦陵一号铜马车

零伍 阿房宫真是项羽烧的吗

既然阿房宫连前殿都没有建成，前殿夯土台基上面没有宫殿建筑，项羽也就没有必要渡过渭河来放火烧一个没有宫殿建筑的夯土台子，所以传说认为项羽烧了阿房宫是错误的。

熟读历史的人都知道，阿房宫建于 2000 多年前的秦代。秦始皇在统一中国的过程中，每征服一国，就绘制该国宫室图，在秦国都城咸阳的渭水南岸仿造宫殿，称"六国宫殿"。相传当时共有宫室 145 种，著名的有信宫、甘泉宫、兴乐宫、长杨宫等宫殿。想当年，咸阳宫可谓殿宇林立，楼阁相属，曲廊幽径，花香景深。秦始皇三十五年（公元前 212 年），秦始皇在消灭六国统一全国以后，认为都城咸阳人太多，而以前的皇宫又小，于是下令征发刑徒 70 余万人伐运四川、湖北等地的木材，开凿北山的石料，在故周都城丰、镐之间渭河以南的皇家园林上林苑中，仿集天下的建筑之精英灵秀，营造一座新朝宫。这座朝宫便是后来被称为阿房宫的著名宫殿。

阿房宫规模空前，气势宏伟，《史记》记载：阿房宫前殿，东西五百步，南北五十丈，殿中可以坐一万人。《汉书》中也记载："起咸阳而西至雍，离宫三百，钟鼓帷帐，不移而具。又为阿房之殿，殿高数十仞，东西五里，南北千步，从车罗骑，四马鹜驰，旌旗不挠，为宫室之丽至于此。"唐朝诗人杜牧在《阿房宫赋》写道："六王毕，四海一；蜀山兀，阿房出。覆压三百余里，隔离天日。骊山北构而西折，直走咸阳。二川溶溶，流入宫墙。五步一楼，十步一阁；廊腰缦回，檐牙高啄；各抱地势，钩心斗角。……一日之内，一宫之间，而气候不齐。"若是根据《史记》记载推算：秦代一步合六尺，三百步为一里，秦尺约0.23米。如此算来，阿房宫的前殿东西宽690米，南北深115米，占地面积8万平方米，容纳万人自然绰绰有余了。根据《汉书》推算，规模则更大。

但是据传说，这样一座耗费了巨大的人力物力，极度奢华的阿房宫，却在数十年后，楚霸王项羽攻入咸阳时，被一把火烧掉了，大火烧了整整三个月，方圆百里尽成灰烬。

2002年，为了寻找曾经的辉煌，考古学家们来到了今陕西西安西郊三桥镇以南，在东起巨家庄、西至古城村的阿房宫遗址上，开始了探索。

考古队员在第一次挖掘了探坑之后，并没有找到任何东西，然而大家并没有气馁，决定继续挖掘。随着勘探工作的进一步深入，大家决定从夯土层入手开始探测，古代建筑的地基都是夯土打成的，铺一层打一层，从夯土台基的侧面看过去就像千层饼一样。夯土和普通的耕土不同，它非常坚硬，也很密实，普通的平头铁锤都很难砸进去。这个夯土层虽然经过了2000多年的岁月，几乎没有任何变化，依然坚硬。然而就在考古队顺利地打进了探杆以后，结果却出乎人们的意料：没有发现阿房宫被火烧的痕迹。

没有找到大火过后的残留物，考古队开始猜测可能是挖掘的地方较少，刚好错过了阿房宫被烧的那一部分。于是，考古队开始对阿房宫遗址进行了"地毯式"的全面勘探。这次考古队改进了方法，他们采用的是梅花点位法。所谓梅花点位法，是每一平方米就以梅花点的形式打5个探测孔。梅花点位法是一种比一般性的勘测更加缜密的方法。但是，钻探了数万个孔和对地层的土样进行了元素分析后，都没有发现火烧的痕迹。

会不会因为2000多年过去了，无数次风霜雨雪的侵袭，已经把大火留下的痕迹抹去了呢？为了进行比较，阿房宫考古队来到了汉代长乐宫的遗址，这里曾经是汉朝首都长安城中最为华美的几座宫殿之一，是汉武帝母亲的居所，至今被人们津津乐道的"金屋藏娇"的风流韵事就发生在2000多年前的这个宫殿中。东汉末年，长乐宫也和汉代其他宫殿一样，逃不过被焚毁的命运，2000多年过去了，这里被火烧过的痕迹却仍然历历在目。

那么，是不是流传了2000多年的西楚霸王项羽的军队攻入咸阳以后，移恨于物，将阿房宫及所有附属建筑纵火焚烧，化为灰烬的说法不真实呢？

考古学家发现，人们通常所说的阿房宫遗址实际上是阿房宫的前殿遗址，阿房宫前殿遗址夯土台基东西1270米、南北426米，台基上面西、北、东三面已有夯筑土墙，墙顶部有瓦的铺设；夯土台基上面没有建筑南墙。三面墙里面没有发现秦代文化层和秦代宫殿建筑遗迹。从路土分布的情况来看，人们是把夯筑台基用土从南面运到北面，再从北面开始往南逐渐夯筑台基。专家就此大胆地推测，阿房宫的所有工程只有前殿建成了台基，其他工程尚未动工，阿房宫没有建成，也没有像史书记载的那样被项羽放火焚烧。

那么，历史记载难道错了吗？《史记·秦始皇本纪》载："项籍为从长，杀子婴及秦诸公子宗族。遂屠咸阳，烧其宫室，虏其子女，收其珍宝货财，诸侯共分之。"项羽是对咸阳采取了烧、杀、抢、虏的政策，然而这里并没有明确提到烧阿房宫。《史记·项羽本纪》载："烧秦宫室，火三月不灭。"在这里也只字未提火烧阿房宫，火烧的很可能是秦朝的其他宫殿。《史记》中的另一条记载也从侧面证明了阿房宫并未建成："四月，秦二世还至咸阳，曰：'先帝为咸阳朝廷小，故营阿房宫。为室堂未就，会上崩，罢其作者，复土郦山。郦山事大毕，今释阿房宫弗就，则是章先帝举事过也。'复作阿房宫。"但是这年七月陈胜、吴广就反了。前后就这么短的时间，显然建不成阿房宫。

　　既然阿房宫连前殿都没有建成，前殿夯土台基上面没有宫殿建筑，项羽也就没有必要渡过渭河来放火烧一个没有宫殿建筑的夯土台子，所以传说认为项羽烧了阿房宫是错误的。

清　袁江　《阿房宫图》屏（局部）

汉武帝艳遇搭上了10万将士

汉武帝在政治、经济、文化、军事等方面均有建树，功不可没，充分展示了他勇于开拓、奋发进取的雄才大略。然而，这样一位雄才大略的皇帝，在感情上却是纯粹的花花公子，他甚至为了一个女人，付出了10万汉朝将士的生命。

汉武帝，名刘彻，是西汉的第五位皇帝，是具有雄才大略的一代雄主。他生于公元前156年，死于公元前87年，活了70岁。在我国古代社会发展进程中，西汉是强盛的朝代，而汉武帝在位50余年更使它登上了鼎盛高峰。汉武帝在政治、经济、文化、军事等方面均有建树，充分展示了他勇于开拓、奋发进取的雄才大略，因此受到了历代史学家的充分认可和赞叹。班固在《汉书》中称赞他："后嗣得遵洪业，而有三代之风。如武帝之雄才大略，不改文、景之恭俭，以济斯民，虽《诗》《书》所称何有加焉。"清代的史学家赵翼也认为："武帝驾远驭……史称雄才大略，固不虚也。"这样一位雄才大略的皇帝，在感情上却是纯粹的花花公子，他甚至为了一个女人，付出了 10 万汉朝将士的生命。

李延年是汉武帝时造诣很高的音乐家，中山人（今河北省定州市一带），父母兄弟妹均通音乐，都是以乐舞为职业的艺人。他年轻时因犯法而被处腐刑，以"太监"名义在宫内管犬，其"性知音，善歌舞"，颇受汉武帝器重，被任命为"乐府"音乐的最高负责人。李延年不但善歌习舞，且长于音乐创作。他的作曲水平很高，技法新颖高超，且思维活跃。他曾为司马相如等文人所写的诗词配曲，又善于将旧曲翻新。他将张骞从西域带回的《摩诃兜勒》编为 28 首"鼓吹新声"，用来作为乐府仪仗之乐，是我国历史文献上最早明确标有作者姓名及乐曲曲名，用外来音乐进行加工创作的音乐家。他为汉武帝作《郊祀歌》19 首，用于皇家祭祀乐舞。

史书上明确记载：李延年"每为新声变曲，闻者莫不感动"。据说，有一回，李延年为汉武帝唱了一首歌，那首歌的确写得好："北方有佳人，绝世而独立。一顾倾人城，再顾倾人国。宁不知倾城与倾国，佳人难再得。"汉武帝听了这首歌，感慨地说："好呀，只是这世上到哪里去找这样的佳人呢？"一旁的平阳公主就向汉武帝推荐说，李延年的妹妹就是这样的佳人呀。

李夫人生得云鬓花颜，婀娜多姿，尤其精通音律，擅长歌舞。汉武帝自得李夫人以后，爱若至宝，一年以后生下一子，被封为昌邑王。李夫人身体羸弱，更因为产后失调，因而病重，委顿病榻，日渐憔悴。色衰就意味着失宠，然而李夫人却颇有心计，自始至终要留给汉武帝一个美好的印象，因此拒绝汉武帝的探视。李夫人用锦被蒙住头脸，在锦被中说道："身为妇人，容貌不修，装饰不整，不足以见君父，如今蓬头垢面，实在不敢与陛下见面。"汉武帝坚持想看一看，李夫人却始终不肯露出脸来，即使汉武帝以赏赐黄金及封赠李夫人的

明　仇英　《帝王道统万年图册·汉武帝》

兄弟官爵作为交换条件，她仍执意不肯，说："能否给兄弟加官，权力在陛下，并非在是否一见。"她翻身背对汉武帝，哭了起来。汉武帝无可奈何地离开。

汉武帝离开后，李夫人的姐妹们都埋怨她不该这么做。李夫人却说："凡是以容貌取悦于人，色衰则爱弛；倘以憔悴的容貌与皇上见面，以前那些美好的印象都会一扫而光，还能期望他念念不忘地照顾我的儿子和兄弟吗？"她死后，汉武帝伤心欲绝，为李夫人作了歌："是邪？非邪？立而望之，偏何姗姗其来迟！"汉武帝将其以皇后之礼营葬，并亲自督饬画工绘制他印象中的李夫人形象，悬挂在甘泉宫里，且夕徘徊瞻顾，低回嗟叹。他对昌邑王钟爱有加，将李延年推引为协律都尉，对李广利更是纵容关爱兼而有之，封其为将军。根据汉朝的祖制，皇亲无功不得封侯。为了兑现自己对李夫人的誓言，汉武帝一直寻找着能让李广利立战功的机会。

机会终于来了，汉武帝元鼎四年（公元前 113 年）秋，有个敦煌囚徒在当地捕得一匹汗血宝马献给汉武帝。汉武帝得到此马后，欣喜若狂，称其为"天马"。为了得到这种宝马的种马，汉武帝派百余人的使团，带着一具用纯金制作的马到了"天马"的原产地大宛国首府贰师城（今土库曼斯坦阿斯哈巴特城），但是，大宛国王不肯以大宛马换汉朝的金马。汉使归国途中，金马在大宛国境内被劫，汉使被杀害。汉武帝大怒，宣称"敢犯强汉者，虽远必诛"，遂做出武力夺取汗血宝马的决定。

公元前 109 年，汉武帝刘彻任命李广利为贰师将军，领 6000 羽林军，发各郡国囚徒、恶少年共 2 万人开始了远征大宛的战争。由于出发前正值秋收，关东发生罕见的大蝗灾，集结到敦煌的大军没有充足的给养就踏上了征程。李广利率兵到达大宛边界的时候，已经是初冬时节。由于水土不服，粮食缺乏，一路跋涉大漠荒滩，饿死、病死、被沙漠吞没的人不计其数，2 万大军损失了一大半，马匹也伤亡殆尽。第一次围困大宛并没有取得预想的效果。在大宛军队的反击下，汉军往东方溃败，大宛骑兵一路追杀，汉军尸横遍野，最后只余李广利等几百人逃回了敦煌。

汉武帝闻报后大怒，他再令桑弘羊负责军需，调集 20 万军队出征西域，同时调用 10 万匹军马、10 万头牛和骆驼运输物资，还有 50 万只羊作为随军的肉食运往敦煌。这次战争，汉军虽然取得了胜利，但也损失惨重。从敦煌出军时，李广利大军一共 6 万人（不包括私自随军出征的）、战马 3 万匹，返回玉门关时仅剩万余人，战马仅千匹。汉代学术大师刘向如此评价："贰师将军捐五万之师，靡亿万之费，经四年之劳，而仅获骏马三十匹，虽斩宛王毋鼓（寡）之首，犹不足以复费。"李广利归国后，汉武帝特别高兴，大宴群臣，封李广利为海西侯。

但事情到此还没有结束，汉武帝征和三年（公元前 90 年），匈奴入侵五原、酒泉，掠杀边民。汉武帝大概嫌李广利上次的功劳还不够大，便命并没有什么军事天分的他出击匈奴。李广利率领 7 万大军从五原出发，向匈奴挺进。正在这时，京城长安发生了巫蛊之祸，李广利的家人也被牵扯了进去，李广利的妻儿们都被逮捕囚禁。刚开始他并没有想到投降匈奴，而是想着立功赎罪，但是遭到军事挫败后，李广利斗志完全丧失，投降匈奴。7 万汉家儿郎就这样全部葬送在李广利手中，加上前两次远征大宛，李广利一人前后共葬送了不下 10 万士兵的性命。

李广利投降后，不久被杀。李延年及弟弟李季，也因此被汉武帝全都处死。

"金缕玉衣"长生不老疑团

有的皇帝认为玉能养精，将金玉置于人的九窍，人的精气不会外泄，可以使尸骨不腐，来世再生，于是"金缕玉衣"就成为殓服随葬。那么，"金缕玉衣"真的能让人起死回生吗？

玉衣（也称玉柙）是汉代皇帝和高级贵族死时穿的殓服，外观和人体形状相同，体现了穿戴者的身份和等级。皇帝及部分近臣的玉衣以金线缕结，称为"金缕玉衣"；其他贵族则使用银线、铜线编造，称为"银缕玉衣""铜缕玉衣"。

玉衣的起源，可以追溯到东周时的"缀玉面饰"。所谓"缀玉面饰"，就是将做成眉、眼、鼻、口形状的玉石片按一定形状排列，缀附在织物上，再覆盖在死者面部。这种缀玉面饰就是汉代玉衣的雏形。

在汉代，人们十分迷信玉能够保持尸骨不朽，玉塞九窍可使人气长存。所谓九窍，就是指两眼、两鼻孔、两耳孔、嘴、生殖器和肛门。出土的玉衣经常就搭配有用玉做成的眼盖、鼻塞、耳塞、口含、罩生殖器的小盒和肛门塞。

在汉代，除皇帝和高级贵族外，任何人使用"金缕玉衣"都是大逆不道。汉桓帝时，冀州官吏赵忠在埋葬他的父亲时，私自使用仿造的玉衣，被人上告后，以僭越的罪名，将其父的墓掘开，陈尸于棺外，赵忠一家也被监禁起来。

"金缕玉衣"盛行于汉代，到三国时曹丕下诏禁用玉衣为止，共流行了400年。那么"金缕玉衣"是不是真像人们传说的那样，可以让人尸骨不腐呢？我们先看看当时轰动国内外考古界的河北满城一号墓中山靖王刘胜的"金缕玉衣"出土时的情况。

1968年，一批解放军士兵在河北满城陵山施工，他们突然发现了一个大型古墓，并及时报告给了当地的文管部门。在考古工作者的努力下，一座大型的西汉古墓葬出现在人们面前。根据考古专家推

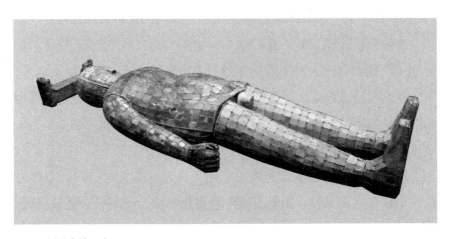

西汉　刘胜金缕玉衣

该玉衣为岫岩玉制作，用金丝将玉片编缀而成，这是我国考古发掘中出土年代最早、最完整的玉衣。

断，这座墓葬的主人是西汉时景帝之子中山靖王刘胜。在刘胜墓葬的旁边还有他的妻子窦绾的墓葬，两人所穿的就是传说中如同铠甲、用金线穿成的"金缕玉衣"。

人们第一次亲眼看到历史典籍中一再提到的金缕玉衣的真面目。刘胜穿的玉衣形体肥大，全长 1.88 米，由 2498 片玉片组成，用于编缀的金丝约重 1100 克；玉衣由头罩、上衣、裤筒、手套和鞋共五部分组成，头部的脸盖上刻画出眼、鼻和嘴的形状，腹部和臀部突鼓，裤筒制成腿部的样子，颇似人体。窦绾的玉衣比较短小，共用玉片 2160 片，金丝重 700 克，没有做出腹部和臀部的形状，可能是出于对女性形体造型的避讳。

此后，全国各地又相继出土了中山怀王刘修、南炀侯刘迁、东昌侯刘祖等 20 多套金缕玉衣。在这些金缕玉衣中，中山靖王的金缕玉衣是最精美的一件，现收藏于河北博物院。

在 2000 多年前的西汉时代，根据当时的生产水平，制作一套"金缕玉衣"是十分不易的。"金缕玉衣"所用的玉料要经过开料、锯片、磨光及钻孔等，每一玉片的大小和形状都必须经过精心设计和细致加工。据测定，玉片上有些锯缝仅 0.3 毫米，钻孔直径仅 1 毫米，工艺繁难与精密程度之高令人惊讶。整套玉衣制作过程所花费的人力和物力是相当惊人的，据推算，汉代制作一套玉衣约需一名玉工费十余年的工夫。

用这么精美的玉衣作为殓服，用九窍器塞其九窍，可谓费尽心机，但结果适得其反。由于金缕玉衣价格昂贵，频频招来盗贼光顾。据《三国志·魏书·文帝纪》记载，"汉氏诸陵无不盗掘，乃至烧取玉匣金缕，骸骨并尽"。有鉴于此，222 年，魏文帝曹丕下令禁止使用玉衣，从此玉衣便在历史上销声匿迹了。

两千年前的环保灯具长信宫灯

1968 年，在河北省满城县（今河北省保定市满城区）中山靖王刘胜之妻窦绾墓出土了一件通体鎏金的铜灯，上面刻有"长信尚浴"等铭文共 65 字，所以被命名为"长信宫灯"。长信宫灯设计十分巧妙，既具有审美价值又环保，被认为是我国工艺美术品中的巅峰之作。

2010 年，在上海世界博览会河北馆内展出了一尊汉代青铜宫灯的复制品，连同那段深藏于历史幽光中忽明忽暗的古老往事也随之进入人们的视线。尽管这是汉代长信宫灯的复制品，却依然可以让人们触摸到 2000 多年前那段厚重的历史。

长信宫灯在满城县西汉中山靖王刘胜之妻窦绾墓中出土，现藏于河北博物院。长信宫灯出土时已破损，后经考古学家反复研究摸索，把零部件拼接在一起，才使这件精美绝伦的艺术品重见天日。

长信宫灯通高 48 厘米，重 15.85 千克，形象为跪地执灯的年轻宫女，宫女头上梳髻，戴头巾，身穿长衣，衣袖宽大。她面目端庄清秀，目光十分专注，头略向前倾斜，神情恭谨，小心翼翼，表现出一个下层年轻宫女所特有的神态。宫女左手持灯盘，右臂上举，袖口下垂成灯罩。全灯由头部、右臂、身躯、灯罩、灯盘、灯座 6 个部分分别铸造组成，头部和右臂可以组装拆卸，便于对灯具进行清洗。灯盘可以转动，灯盘上的两片弧形屏板可以推动开合，以调节灯光的亮度和照射方向。宫灯表面没有过多的修饰物与复杂的花纹，在同时代的宫廷用具中显得较为朴素，但是它的整体设计却更加实用，燃烧的气体灰尘可以通过宫女的右臂沉积于宫女体内，不会大量散逸到周围环境中，属于既美观又环保的灯具。

据铭文考证，此灯是公元前 172 年（汉文帝时代）铸造的。长信宫灯上的那 65 字的铭文记录着长信宫灯的重量、容量、铸造时间和所有者等。如："长信尚浴，容一升少半升，重六斤，百八十九，今内者卧"（位于灯座底部）。铭文中有"阳信家""长信宫""内者""尚浴"等几处记载，"阳信家"应该是长信宫灯的第一个主人。

有人推测长信宫灯的第一个主人是汉武帝的姐姐——平阳公主，因为她曾封邑阳信。也有人说长信宫灯的第一个主人是阳信胡侯吕青、阳信夷侯刘揭和刘中意父子。公元前 154 年，"七国之乱"爆发，汉景帝获胜，因参与这场叛乱的阳信夷侯刘中意获罪，被剥夺了王位。阳信侯所有的财产也被查抄，包括那盏精美的长信宫灯，一齐被没收到少府的内者，也就是内廷事务部门，划归长信尚浴使用。

在整个西汉王朝，窦太后是继吕太后之后又一位富有传奇色彩的女性，长信宫灯被没入内廷后，就成为窦太后宫中沐浴时的照明灯具，因此也就有了"长信尚浴""长信宫"等铭文。窦太后有 14 个孙儿，中山靖王刘胜就是其中一个，他是汉武帝刘彻的胞兄。刘胜的王后窦绾不仅是窦太后的孙媳妇，据说还是窦太后的族裔亲戚，因此，她格外得窦太后的喜爱。窦绾嫁给中山靖王，窦太后就把长信宫灯当成礼物送给了窦绾，于是在窦绾余下的人生中，就有一尊长信宫灯伴其左右。可以看出窦绾是多么珍爱这尊长信宫灯，以致她死后还要把这尊灯带进坟茔，为她点亮另一个世界。

秦汉时期，传统的青铜工艺已经失去了它原有的光辉，在手工艺中不再占有重要地位，开始向轻便、精巧和实用的生活用品和观赏艺术品方向发展。到了汉代，很多灯具都一改以往青铜器皿的神秘厚重，偏重精巧和实用，长信宫灯算是其中一个典型代表。

考古学和冶金史的研究专家一致认为，长信宫灯设计之精巧，制作工艺水平之高，堪称"中华第一灯"。

西汉 "中华第一灯"——长信宫灯

零玖 河西走廊上有"罗马古城"吗

众所周知，丝绸之路曾是古代中国与西方国家文化交流和商品贸易的重要通道，因此，在河西走廊出现西方人的后代也就不足为奇了。有人认为，他们就是历史上神秘消失的"罗马军团"的后裔，这种解释有依据吗？者来寨真的是罗马军队建造的"罗马古城"遗址吗？

"河西走廊"位于今甘肃省内，又叫"甘肃走廊"。黄河流出青藏高原后，从甘肃兰州到内蒙古临河的一段是自南向北流的，所以在甘肃及西部就有了"河西""河东"之说。"河西走廊"东起乌鞘岭，西至玉门关，南北介于南山（祁连山和阿尔金山）和北山（马鬃山、合黎山和龙首山）之间，长约 1000 千米，宽度数千米至近两百千米不等，东西长、南北窄，为西北—东南走向的狭长平地，形成一个天然"走廊"，又因位于黄河以西，故称"河西走廊"。地域上包括甘肃省的兰州和"河西四郡"：武威、张掖、酒泉和敦煌。自 2000 多年前汉武帝开辟河西以来，这条走廊一直是内地连接新疆的咽喉要道。

自古以来，河西走廊上祁连山融化的雪水一直滋润着脚下多个民族的繁衍与生息，也造就了精彩纷呈的西部文化史。而鲜为人知的是，在山脚下甘肃永昌县境内的者来寨，一直生活着一些身材高大、肤色深红、鼻梁高耸、眼睛深陷、毛发棕色弯曲、具有明显欧洲人相貌特征的人。

有人认为，他们可能是经过丝绸之路与中国贸易的西方商团的后裔。众所周知，丝绸之路曾是古代中国与西方国家文化交流和商品贸易的重要通道，因此，在河西走廊出现西方人的后代也就不足为奇了。但是，这种观点随即被推翻，者来寨的地理位置在西汉时属经济不发达的边远地带，即使有人的活动，也大多是出于军事目的所设要塞的驻军，商团应选择走人烟稠密、经济发达的安全路径，走者来寨是有悖常理的。况且，丝绸之路在西汉时期才初具雏形，那时西方商团还没有大批进入中国。因此，者来寨这些奇特村民不可能是西方商团留下的后裔。

也有人认为，他们就是历史上神秘消失的"罗马军团"的后裔，这种解释有依据吗？者来寨真的是罗马军队建造的"罗马古城"遗址吗？

翻开世界史，我们可以看到，公元前53年的古罗马正值多事之秋，执政官克拉苏为了与恺撒、庞贝两个掌握兵权的实力派人物争权夺利，决定向东扩张势力。他纠集了一支由7个军团组成的大军，发动了对古帕提亚王国（今伊朗）的侵略战争。但是，古罗马大军在卡尔莱（今叙利亚的帕提亚）遭到安息军队的围歼，统帅克拉苏被俘斩首，一度所向无敌的罗马军团几乎全军覆没，只有克拉苏的长子普布利乌斯所率的第一军团6000余人拼死突围。33年后，罗马帝国与安息在经历了无数次大大小小的战争之后，终于化干戈为玉帛，签订了和约，双方开始相互遣返战争俘虏。当罗马帝国要求遣返在卡尔莱战争中被俘的官兵时，安息国当局否认其事。罗马人惊奇地发现，当年突围的古罗马第一军团 6000 余人神秘地失踪了。第一军团的消失成了罗马史上的一桩悬案，而这桩悬案千百年来一直困扰着中西方史学界。

据中国的史书《汉书·陈汤传》记载，公元前 36 年，西汉西域都护甘延寿和副校尉陈汤曾率兵 4 万讨伐致支城，并与匈奴人在此展开了激战。战斗中，匈奴人派出了一支长相非常奇特的军队，他们会使用一种被称为"夹门鱼鳞阵"的奇怪阵法——就是在己方情势危急时，用盾牌把自己围成一圈进行防御，而圈内的人则会把盾牌举在头上以防弓箭流矢。整个阵势摆起来就像一个头脚缩入壳中的大乌龟，因此，这种阵法又被形象地称为"龟甲阵"。而"龟甲阵"正是古罗马军队所特有的一种作战方式。此外，《汉书》还提到，汉军不仅在这次战役中大获全胜，而且还俘获了这支长相非常奇特、会使"夹门鱼鳞阵"的军队中的 1000 余人，并将他们带回了西汉。

不久，在西汉凉州府的行政区划中，就新设置了一个骊靬县。而骊靬这个怪僻的县名，其实就是汉时中国对古罗马的称谓。而据《永昌县县志》载："在今凉州府永昌县南，本以骊靬降人置县。"这说明骊靬县的设置与古罗马军团的战俘有着密切联系。

当考古学家对者来寨进行考察时，意外地发现：在者来寨发现了一座有较大规模的古城遗址。只不过因为一直有未间断的人类活动，遗址被严重破坏，已不具备什么考古价值了。不过，从它长方形的形制和仅存的一段约 300 米的城墙看，可确定这是一座西汉古城。古城墙是"重木城"——城墙外加固重木，这种防御方式是古罗马所独有的。而且，在这座古城遗址还发掘出了一处前后两室的汉代墓葬，前室有 4 件完整的灰陶、陶灶和陶仓，后室遗体的头骨旁有一撮毛发，呈棕红色，遗体下面有一枚红色纽扣。经考古论证，墓主为汉代的欧洲人。邻近的河滩村则出土了写有"招安"二字的椭圆形器物，专家认为，这可能是罗马降人军帽上的顶盖。

不仅有考古发现和历史记载说明者来寨与罗马人有着密切的关系，当地的民俗也具有古罗马遗风：当地人的葬俗与众不同，他们在安葬死者时，不论地形如何，一律头朝西方，这正是面向古罗马的方向；当地人还对牛十分崇尚，且十分喜好斗牛；村民们在春节时都爱用发酵的面粉做成牛头形馍馍，俗称"牛鼻子"，以作祭祀之用；他们还习惯在村社和主要路口修牛公庙；放牧时，村民们特别喜欢把公牛赶到一起，想方设法让它们角斗，比如将牛群赶到屠宰过牛的地方，牛群嗅到血腥后会发狂地突奔吼叫，或拼死抵斗，俗称"疯牛扎杠杠"，这正是古罗马人斗牛的遗风。

根据一件件出土文物、历史记载及民风民俗，我们可以推测：当年，古罗马第一军团虽从帕提亚王国军队薄弱的东部防线杀出了重围，但由于他们回国的路线被封锁，故只能向东流窜。而当时，整个中亚的大部分地区都是匈奴的势力范围，因此，这股古罗马军团很可能就逃到匈奴人的地盘，无奈之下他们只得屈服于强大的匈奴，并成为匈奴人的雇佣兵，而其中一部分罗马人被陈汤俘获带回西汉。甘肃永昌县的者来寨正是西汉为了安置这部分俘虏所设立的骊靬古城，者来寨就是在汉朝时屹立在河西走廊上的"罗马古城"——骊靬古城的遗址。

丝绸之路的东方起点之谜

　　丝绸之路是历史上横贯欧亚大陆的贸易交通线，促进了欧亚非各国和中国的友好往来。丝绸之路不仅是一条商贸之路，也是一条友谊之路，它加深了各地人们的交流，丰富了人们的生活。那么，丝绸之路的东方起点在哪儿？

　　丝绸之路，是指西汉时由张骞出使西域开辟的，经甘肃、新疆，到中亚、西亚，并联结地中海各国的陆上通道。丝绸之路是历史上横贯欧亚大陆的贸易交通线，促进了欧、亚、非各国和中国的友好往来。中国是丝绸的故乡，在经由这条路线进行的贸易中，中国输出的商品以丝绸最具代表性。19世纪下半期，德国地理学家李希霍芬就将这条陆上交通路线称为"丝绸之路"，此后中外史学家都赞成此说，沿用至今。丝绸之路基本走向定于两汉时期，包括南道、中道、北道三条路线。

　　丝绸之路不仅是一条商贸之路，也是一条友谊之路，它加深了各地人们的交流，丰富了人们的生活。那么，丝绸之路的东方起点在哪儿呢？

传统观点认为，丝绸之路的东方起点在西安。这部分专家认为，丝绸之路不仅是一条商贸通道，更是一个广大的概念，是世界的东方和世界的西方两个文明的交流联系，是一种政府的、民族的行为。西安不但是丝绸之路的起点，也曾是亚洲最大的国际交流中心。

在中国古代典籍《史记·大宛列传》《汉书·西域传》上，对丝绸之路的开发过程有更确凿、翔实的记载。西汉建元三年（公元前138年），汉武帝派张骞出使西域。张骞自长安（今西安）出发，经大宛（今乌兹别克费尔干纳）、康居（今哈萨克斯坦南部咸海与巴尔喀什湖之间），抵达妫水（阿姆河）以北的大月氏（今阿富汗），于元朔三年（公元前126年）返回长安。元狩四年（公元前119年），汉武帝再次派张骞率三百人，每人备马二匹，携牛羊万头与价值"数千巨万"的金帛财物出使乌孙（今伊犁河与伊塞克湖一带）。张骞抵达乌孙后，分遣副使前往西域、中亚各国。张骞回国后，汉武帝又多次派遣使节出使西域、中亚各国。从此，一条以汉长安城为起点的丝绸之路正式开通。

为保证丝绸之路安全畅通，西汉王朝采取了一系列有力措施，派

敦煌莫高窟壁画中的张骞出使西域的情景

军队攻击匈奴、远征大宛，设置酒泉、武威、张掖、敦煌等河西四郡，并在敦煌至盐泽（今新疆罗布泊）的丝绸之路沿线设立交通亭站。汉宣帝神爵二年（公元前 60 年），完全控制了丝绸之路的西汉王朝在今新疆设立西域都护府，从此，巴尔喀什湖与费尔干纳盆地以东广大地区正式纳入西汉王朝版图。

上述历史事实证明，从丝绸之路的特定含义衡量，这条古代商道开辟于公元前 2 世纪的西汉时期，它的起点无疑是西汉王朝首都长安。之后虽有中国的王朝更迭、首都迁徙，但这对丝绸之路的总体状况产生不了什么影响，更不意味着丝绸之路就此中断或应该就此改变路线。所以，以中国的王朝更迭、首都迁徙来变化丝绸之路的起点和路线，是把丝绸之路过于微观化的认识。丝绸之路"长安说"的意义不仅仅在于表明长安在时空两大方面都是丝绸之路的起点。长安是历史上最强盛的时代——汉唐的代表与象征，今天的汉族、汉字、汉文化、汉文化圈概念都与长安密切相关。作为中国最著名古都与国际都会的典型代表，以长安为丝绸之路的起点是和丝绸之路宽广深的总体包容量及总体形象相称的。

也有人认为，丝绸之路的东方起点不在长安，而在洛阳。这些人认为西汉的首都在长安，长安是全国的政治、经济、文化中心。西汉政府经营西域的出发点是长安，西域诸国与西汉政府贡使往来，经济、文化交流的汇集点也是长安，因此长安很自然地成为西汉时期丝绸之路的东端起点。到了东汉时期，洛阳成为首都，成为全国政治、经济、文化中心，也是对外联系的中心，因此丝绸之路的东端起点自然也就从长安转移到了洛阳。此后的曹魏、西晋、北魏先后都以洛阳为首都，从整个丝绸之路的开拓、形成和繁荣的过程来看，洛阳才是丝绸之路的最东的起点。

东汉建都雒阳（今河南省洛阳市东）后，雒阳逐渐取代长安成为全国最大的商业中心。在雒阳的东方，青州、兖州地区适宜种植桑麻，民间丝绸手工业得到普遍发展，官府也拥有规模巨大的丝绸手工业，这些民间或官府生产、输往西方的高级丝绸，由中原商贾或西方商人来到雒阳采购外运。东汉丝绸之路的主要途经地点是自雒阳西行，经长安和西域后到达西方各国。东汉的丝织业比西汉进步，以洛阳为起点的东汉丝绸之路交通较前更加繁荣。

而且，1907 年，英国考古学者斯坦因在敦煌西北长城的烽火台下，发现了一组用中亚粟特民族的文字所写的信件，这是在凉州（今甘肃省武威市）的粟特商人写给家乡撒马尔干（今乌兹别克斯坦境内）贵族的书信，信中说，这些以凉州为大本营的粟特商团，活动的范围东到洛阳，西到敦煌，长途贩卖中国丝绸等商品。从这封外国人写于西晋末年（公元 312 年前后）的书信中，可以真切地看到“洛阳”的名字，这也佐证了丝绸之路的东方起点是在洛阳。

还有人认为，丝绸之路的东方起点应从开封或郑州算起，因为丝绸之路是从西汉开始，当时开封和郑州的丝业相当发达。在一些考古资料里，郑州的丝业可以追溯到 5600 年前，既有考古发现，也有历史记载，在《诗经》里关于郑州采桑方面的诗歌也很多。所以丝绸之路的起点应在开封或郑州，洛阳只是一个集散地，只是起点的一部分，真正的起点是一个区域，或者说是一个地区。

关于丝绸之路东方起点的争论还在继续，不论古丝绸之路的起点在何方，丝绸之路犹如一条彩带，将古代亚洲、欧洲和非洲的文明连接在了一起。正是通过这条路，古代商人将中国的造纸术、印刷术、火药、指南针四大发明，养蚕丝织技术以及绚丽多彩的丝绸产品和茶叶、瓷器等传送到了世界各地；同时，也将中亚的汗血马、葡萄，印度的佛教、音乐，西亚的乐器、天文学，美洲的棉花、烟草等输入中国。东、西方文明在这种融合中，不断地向前发展着。

匈奴被汉朝击败后去向何方

十六国及魏晋南北朝时期，匈奴在中国历史舞台上进行了最后一场演出。之后，匈奴作为一个独立的民族逐渐从中国历史中消失。匈奴后裔融入汉族以后，所改汉姓有刘、贺、丛、呼延、万俟等，很多生活在今天的陕西、山西、山东等地。

匈奴是公元前 3 世纪兴起于中国北方的一支古老民族，繁衍在河套地带（今内蒙古、山西一带），游牧于大漠南北。匈奴的首领叫作单于，相当于中原的国王。在单于之下，则有左、右二贤王，各率领一大部落。匈奴族早在公元前七八世纪就已生息和繁衍在中国北方的广大地区，建立起氏族和部落联盟了。公元前 3 世纪，匈奴进入铁器时代，军事实力得到相应加强，于是不断骚扰秦、赵、燕等国的边境。公元前 265 年，匈奴骑兵被赵将李牧击败，但不久卷土重来。直至公元前 215 年，秦始皇嬴政派遣蒙恬出兵攻击匈奴，匈奴战败后"不敢南下牧马，士不敢弯弓而报怨"。但是到了秦朝末年，匈奴却又乘机向南发展，逐渐傍近秦朝的边塞。

汉初，匈奴贵族经常率领骑兵南下，掠夺汉朝北部边郡的人口、牲畜和财物。公元前200年冬，汉高祖刘邦率32万大军御驾亲征匈奴，却在白登山被匈奴包围起来。刘邦侥幸突围后，奉送给匈奴一定数量的棉絮、缯、酒、米和食物，相互结为兄弟，实行和亲，这便是历史上的"白登之围"。"和亲"政策延用六七十年，并不能解除匈奴对西汉王朝的威胁，匈奴的铁骑仍然不时出现在汉朝边境。随着汉初休养生息政策效果的显现，西汉王朝逐渐强大起来。

汉武帝即位12年后，公元前133年，汉武帝下了开战的决心。六月，西汉以精兵30万，设伏于马邑附近山谷和代郡（治代县，今河北蔚县东北代王城）西部，欲诱匈奴单于南下而击之。但是，伏兵被单于发现，西汉的目的并没达到，但揭开了西汉对匈奴战略反击的序幕。此后至征和三年（公元前90年）止，汉武帝采取集中兵力、主动出击的方针，使用大骑兵集团深入大漠，以大纵深迂回、远程奔袭等战法，对匈奴发动了十余次反击作战。此时，匈奴发生了王位的争夺战，大大消耗了匈奴帝国的实力，而西汉却出现了军事天才卫青和霍去病。在西汉的持续打击下，匈奴元气大伤，逐渐衰弱下去，并最终分裂为南、北匈奴。

北匈奴在西汉军队的持续压力下，开始了史无前例的民族大迁移……

北匈奴的迁移历时几个世纪，其过程已经很难考证，史料记载也相当模糊。大体上我们可以知道，北匈奴西迁途中经过康居、大宛、鄯善等西域诸国。4世纪中叶，北匈奴灭掉了强大的突厥人国度阿兰国，西方为之震动。当时，在北匈奴人西面，居住着两个日耳曼人部落联盟：一个是第聂伯河以西至德涅斯特河以东的东哥特人联盟，另

元　佚名　《明妃出塞图》

一个是德涅斯特河以西至喀尔巴阡山之间的西哥特人联盟。西哥特人联盟的西南方，就是统治欧洲大部的罗马帝国的领土。

阿兰国被匈奴灭亡后没多久，当哥特人还沉浸在对匈奴的巨大惶恐中时，匈奴铁骑已经兵临城下，并以迅雷不及掩耳之势袭击东哥特。东哥特军队被匈奴全歼，国王自杀，部众四散逃逸。西哥特得知东哥特灭国后，立刻在德聂斯德河布阵，意图阻止匈奴人渡河，不料匈奴人在远处上游偷渡后夜袭敌营，重创西哥特军。打败哥特人，占据南俄罗斯草原后，匈奴人得以休整，人口开始急剧增加。同时，小部分的匈奴骑兵仍然在骚扰邻国：一股匈奴骑兵渡过了多瑙河，与哥特人一起骚扰罗马帝国；另一股匈奴人于384年进攻美索不达米亚，攻占了爱德沙城；还有一股匈奴人于396年侵入萨珊波斯帝国。在疆土不断扩大的情况下，以匈牙利平原为统治中心的匈奴帝国再次兴盛起来。

匈奴帝国的极盛时期是在大单于阿提拉的率领下达到的，他在434年与布列达共同继承王位。445年，布列达单于神秘地遇刺身亡后，阿提拉独掌大权。他发动的针对北欧和东欧的大规模战争，使盎格鲁－撒克逊人逃亡到英伦三岛，而许多日耳曼和斯拉夫人的部族战败，纷纷向匈奴投降。他还大举进犯东罗马帝国，迫使东罗马帝国赔款6000镑黄金，年贡2100磅黄金。至此，匈奴帝国的疆域东到里海，北到北海，西到莱茵河，南到阿尔卑斯山，盛极一时。阿提拉对此并不满足，他还发动了对西罗马的战争，将意大利北部变成一片废墟，使得西罗马帝国皇帝万分惊恐，被迫议和，

453年，阿提拉迎娶一位日耳曼族的新娘伊尔迪科，婚宴上他喝得酩酊大醉。第二天，众人走进新房，发现阿提拉血管爆裂，倒在血泊中气绝身亡，而他的新娘缩在床角瑟瑟发抖。当时有人认为阿提拉

死于循环系统疾病，也有人怀疑是伊尔迪科谋杀了阿提拉。在阿提拉的葬礼上，匈奴人割断头发，刺破脸颊，用鲜血悼念他们的国君。阿提拉的棺材分为三层：最外层是铁，第二层是银，最内层是金，以象征他的不朽功业。匈奴人拦住一条河流的水，把阿提拉的遗体埋葬在干枯的河床下，然后再开闸放水。所有参与施工的奴隶都被处死，以便使后世的盗墓者无机可乘。他的坟墓至今未能找到。

阿提拉死后，他的儿子们为争夺大单于之位，打起了内战，匈奴帝国在瞬间瓦解了。在东哥特、吉皮底人的反抗下，匈奴人在 454 年被迫又退回了南俄罗斯草原。461 年，阿提拉的一个儿子妄图重建匈奴帝国，发动了对多瑙河流域的东哥特人战争，遭到失败。468 年，他又发动了对东罗马帝国的战争，结果自己战死沙场。从此匈奴人逐渐沉寂了下去，直至被历史彻底遗忘。

就在北匈奴迁居欧洲之际，南匈奴的驻地向南迁移，他们一直居住在河套一带。三国时期，曹操把匈奴分成五个部。到了 3 世纪，匈奴族的五部大都督刘渊在成都王颖手下当将军，当时西晋正在经历"八王之乱"。刘渊担任匈奴族的大单于，占领了北中国的大部分地区，自称汉王，史称汉赵。

匈奴的一支地位低下的族群称为羯人。汉赵的大将羯人石勒篡汉，建立赵国，史称石赵或后赵，后被氐人苻氏前秦所灭。

融入匈奴人中的月氏人，称为匈奴别部卢水胡。其中沮渠家族推后凉汉官段业为主，在现甘肃地区建立北凉。后沮渠蒙逊杀段业，自立为北凉主，后被鲜卑人拓跋氏北魏所灭。

匈奴与鲜卑的混血后代称为铁弗人。铁弗人刘勃勃被鲜卑拓跋氏击败后投奔羌人的后秦，后自认为是末代的匈奴王，改姓赫连，在河套地区创立夏国，史称胡夏，后被北魏所灭。

　　匈奴融入靠近高丽的鲜卑的宇文氏部落，进入朝鲜半岛。后来宇文氏在西魏建立的北周政权被汉族外戚杨坚所篡。杨坚经过南征北战后，创立隋朝，再次统一中原地区。

　　以上是十六国及魏晋南北朝时期，匈奴在中国历史舞台上进行的最后一场演出。之后，匈奴作为一个独立的民族逐渐从中国历史中消失。匈奴后裔融入汉族以后，所改汉姓有刘、贺、丛、呼延、万俟等，很多生活在今天的陕西、山西、山东等地。

壹贰 刘备“换妻如换衣”之谜

看过《三国演义》的人都知道，刘备有一句经典名言：“兄弟如手足，妻子如衣服。”意思就是说兄弟如手足一样，是不能代替的；而妻子就像衣服一样，随时都可以旧换新。那么，这位中山靖王之后、蜀汉先主是否敢说敢做，换妻如同换衣服一般？

刘备字玄德，涿郡（今河北省涿州市）人，蜀汉的开国皇帝，生于161年，于223年因病崩逝，相传是汉景帝之子中山靖王刘胜的后代。刘备少年丧父，与母亲以贩鞋、织草席为生。黄巾起义时，刘备组织义兵，随政府军剿除黄巾，有功，任安喜县尉，不久因鞭打督邮弃官。后诸侯割据，刘备势力弱小，经常寄人篱下，先后投靠过公孙瓒、曹操、袁绍、刘表等人，几经波折，却仍无自己的地盘。赤壁之战之际，刘备联吴抗曹，取得胜利，从东吴处“借”到荆州，迅速发展起来，吞并益州，占领汉中，建立蜀汉政权。后关羽战死，荆州被孙权夺取，刘备于称帝后伐吴，在夷陵之战中被陆逊击败，病逝于白帝城，享年 63 岁，谥号昭烈帝，史称刘先主。

看过《三国演义》的人都知道，刘备有一句经典名言："兄弟如手足，妻子如衣服。"意思就是说兄弟如手足一样，是不能代替的；而妻子就像衣服一样，随时都可以旧换新。那么，这位中山靖王之后、蜀汉先主是否敢说敢做，换妻如同换衣服一般呢？

虽然刘备的先祖是中山靖王刘胜，但是到了他这一代，家业已败落，只能靠与母亲一齐贩履织席来维持生活。据史书记载，刘备身高七尺五寸，垂手过膝，大耳自见，为人宽厚，胸怀大志，沉默少言，喜好结交豪侠人物。三国时代战乱不已，各个地方的地主豪强不仅招兵买马，用于防卫，有的投机者还企图借黄巾起义之机，捞取政治资本。刘备就是这样一个人物，他倚靠"中山靖王刘胜之后"这个皇室贵胄的头衔，不仅招兵买马，而且娶妻纳妾。

据史书记载，徐州沛郡人甘氏就成为刘备丧妻后最早被纳入家门的小妾。甘氏是当地有名的美女，肌肤如玉，刘备曾把一尊三尺高的白玉人放在床头，比喻甘夫人皮肤白皙，甘夫人却劝刘备不可玩物丧志。于是刘备撤去玉人，群僚们称赞甘夫人为"神智妇人"。因为此时的刘备嫡妻已经死去，甘氏便

唐 阎立本 《历代帝王图·刘备》

以嫡妻的身份摄掌内事，所以人称甘夫人。后来，甘夫人随刘备到了荆州依附刘表，生下儿子阿斗，这个儿子就是后来的蜀后主刘禅。刘备从陶谦手里接管了徐州后，用糜竺、陈登为辅佐。吕布袭取下邳之时，甘夫人被俘虏，刘备转移至别处。

甘夫人之后，刘备娶的是糜夫人。糜竺原来是一个商人，家产十分丰厚。他有一个妹妹，长得十分美艳。糜竺见刘备可成大事，为了讨好刘备，他便将妹妹送给了刘备，而且将家产倾囊而出充作军资。这使得穷困潦倒的刘备重振了军威。据历史记载，吕布归还甘夫人后，甘夫人和糜夫人相处还是比较融洽的。建安五年（200年），曹操打败了刘备，甘、糜二位夫人再一次被抢走，关羽也暂时投向了曹操。后来关羽听说了刘备流落到袁绍那里，遂带着二位夫人离开曹操回到刘备的身边。

值得注意的是，刘备娶糜夫人之时，她的身份是妻，而甘夫人尽管结婚在糜夫人之前，她的身份在历史上、在《三国志》里边是妾。但罗贯中不考虑甘夫人和糜夫人妻和妾的身份，反而提到两个人的时候都是甘、糜二夫人，甘夫人总是放在糜夫人的前面。

长坂坡之战时，甘、糜二夫人被乱兵冲散不知去向。赵云在乱军中找到甘夫人后。再找糜夫人和尚在襁褓中的阿斗，此时糜夫人已受重伤，她将怀中的阿斗交给赵云后，为了让阿斗脱身，不连累赵云，一跃跳入井中而死。甘夫人因为这件事情，受惊成疾，一年后，22岁的她也离开了人世。

甘夫人、糜夫人在兵荒马乱中死去后，刘备还缔结了一桩政治婚姻。当初刘备没有立足的地方时，孙权曾将地理位置重要的荆州借给刘备栖身。赤壁之战后孙权想讨回荆州，刘备以各种理由再三推托。于是，孙权与大将周瑜敲定了美人计：以孙权之妹孙尚香嫁给刘备作继室为诱饵，趁刘备过江之时加以拘禁，好逼诸葛亮拿荆州换回刘备。但此事却弄巧成拙，孙权的母亲吴国太竟然真的招刘备为婿。后来，刘备在孙夫人的帮助下，冲破重重阻力和干扰，终于回到了荆州。这也是"赔了夫人又折兵"的典故。后来，孙权趁刘备西征入川的时候，谎称吴国太病重，想将孙夫人和阿斗骗到东吴，然后用阿斗换回荆州。阿斗在登船时，被赵云留住，孙夫人回到了东吴，从此与刘备再也没有见面。关羽大意失荆州后，刘备倾全蜀的 20 万兵力连营 700 里进攻东吴，却被东吴大将陆逊火烧连营，刘备与剩下的不到一万士兵败溃逃回白帝城。孙尚香听到传言后以为刘备已经死了，她在长江边祭奠完刘备后投江殉情而死。

刘备最后一位夫人姓吴名苋，是蜀汉大将吴懿的妹妹。214 年夏天，刘备取得益州城后，聘娶已经寡居多年的吴氏。建安二十四年（219 年），刘备称汉中王，立吴夫人为汉中王后。章武元年（221 年）夏五月，刘备称帝，立吴后为皇后。延熙八年（245 年），吴后去世，葬入刘备的惠陵，谥号穆皇后。

甘夫人去世后起初葬在南郡，章武二年（222 年）刘备追谥其为皇思夫人，迁葬于蜀国，但灵柩还没有到，卧病不起的刘备已经在白帝城去世。弥留之际，刘备曾命人从成都招来丞相诸葛亮，以后事、孤儿托之，言讫即逝，终年 63 岁，这就是有名的"白帝城托孤"。刘备死后，诸葛亮上表后主刘禅追谥甘夫人为昭烈皇后，与刘备合葬在一起。

刘备在娶甘夫人和糜夫人之前死了妻子，这是一定的了，但是他之前有过几个妻子却无法考证，加上孙夫人和穆皇后，刘备至少有过五个妻子，看来刘备自称"换妻如换衣"是有它的道理的。

壹叁 关羽真的不近女色吗

《三国演义》中提到曹操曾经赐予关羽10名美女，但关羽毫不动心，全部送去侍奉刘备的甘、糜二夫人。然而，最近却有专家把一个迥然不同的关羽展现在人们眼前，认为关羽竟然也英雄难过美人关，他竟然和曹操争过美女。这是怎么一回事呢？

关羽，字云长，本字长生，并州河东解县人（今山西省运城市）。他是三国时期蜀汉著名将领，前将军、汉寿亭侯、军事家、五虎上将之首。他死后受民间推崇，又经历代朝廷褒封，被人奉为关圣帝君；佛教称为伽蓝菩萨，尊称为"关公"；被后来的统治者尊崇为"武圣"，与号为"文圣"的孔子齐名，有"千里走单骑""单刀赴会""温酒斩华雄""过五关斩六将"的佳话。

在中国古代层出不穷的名人之中，关羽以其英雄传奇的一生，被后人推举为"忠""信""义""勇"集于一身的道德楷模。他由"万世人杰"上升到"神中之神"，成为战神、财神、文神、农神，是全方位的万能之神，为历代统治者和百姓共同奉养。在民间传说和《三国演义》中，关羽不仅武艺超群，无以匹敌，而且是一个不近女色的大英雄、伟丈夫。《三国演义》中提到曹操曾经赐予关羽 10 名美女，但关羽毫不动心，全部送去侍奉刘备的甘、糜二夫人。

　　然而，最近却有专家把一个迥然不同的关羽展现在人们眼前，认为关羽竟然也英雄难过美人关，他竟然和曹操争过美女。这是怎么一回事呢？

　　据《三国志·蜀书》和《魏书》记载：刘备在被吕布夺了徐州后，前去投靠曾派大将夏侯惇来增援自己的曹操。后来曹操将一部分兵给了刘备，自己亲率大军与刘备进攻徐州。当时吕布敌不住曹军的攻势，便派了一个叫秦宜禄的人去袁术那里讨援兵。哪知道那个秦宜禄被袁术看中，强行要他娶了汉王朝的宗室女子，而他的妻子杜氏当时还留在下邳。

　　关羽听说秦宜禄长相非常出众的妻子还留在下邳城内，就请求曹操说，那秦宜禄帮吕布讨救兵，作为对他的惩罚，大军破城以后，"妻无子，下城，乞纳宜禄妻"。就是说他的老婆没有生儿子，就把杜氏赏赐给他。曹操答应了他的请求，似乎并未太在意此事。到攻城之际，关羽又再三地请求曹操，谁料曹操见关羽迫不及待的样子，怀疑杜氏异常美貌。等到城池被攻陷之后，曹操亲自召见了杜氏，果然是国色天香，"乃自纳之"。

　　后来，杜氏在曹操处产下一子，据说是秦宜禄的骨肉，遂姓秦名朗。曹操非常喜欢他，曾说："世有人爱假子如孤者乎？"照此推算，杜氏在城被围的时候已经是个大腹便便的孕妇了，关羽和曹操这两人居然都为一个孕妇着迷，而且还能令一贯有爱才之名的曹操不惜食言，并且还是对关羽这样一个万人敌的勇将毁诺食言，可见那杜氏应

明　商喜　《关羽擒将图》

该是倾国倾城的绝代佳人。而关羽在两军对垒的战场上，居然还对一个孕妇念念不忘，以至于一而再、再而三地对主帅曹操提起要将她据为己有，当然便是个极其典型的好色之徒了。

对于这种说法，有些历史爱好者并不赞同，他们认为《三国志》中记载的原文是："曹公与刘备围吕布于下邳，关羽启公，布使秦宜禄行求救，乞娶其妻，公许之。临破，又屡启于公。公疑其有异色，先遣迎看，因自留之，羽心不自安。"这里边很可能有错误，"娶"应为"取"。按照《三国志》注里记载，秦宜禄被吕布派出城求救，后来他投降了曹刘联军，并在战后死于张飞枪下。若是我们将"娶"看成是"取"，历史的真相很可能是秦宜禄根本没突围成功，或者突围成功，但救兵不到，见大势已去，于是又返回战场，投降了联军。由于其妻子仍然留在城内，于是他向关羽祈求城破之后保全妻子等家人的性命，于是关羽又去向曹操进言"乞娶其妻"，实际上是"乞取其妻"。关羽知道曹操好色，心中无底，怕事情有变，再三要求得到保证，于是便有了关羽的"屡启于公"。但这正好引起了曹操的怀疑，于是"先遣迎看，因自留之"。关羽因有负于秦宜禄的信任而"心不自安"。从常理上讲，秦宜禄是在战后被张飞杀死的，而在围城阶段并没有死，也就是说"其妻"仍是个有夫之妇，关羽屡次三番地央求曹操要得到一个有夫之妇，并不像一个读过书的人所为，如果关羽本质如此，为何只有此一例？为何关羽曾将曹操赠给的 10 名美女送给别人当侍女？这非常让人难以理解。

　　也有些人认为，我们不应该苛求关羽，不应该用现代人的一些观点加在关羽身上评点，而应该将关羽的行为放在当时的历史背景中去理解关羽的行为。即使关羽真的曾经向曹操要求娶秦宜禄的妻子杜氏，却也无可厚非。关羽常年在外征战，妻子又没生孩子，这在他所身处的"无后为大"的封建社会，的确不是一件无足轻重的小事。据此，关羽想纳天生丽质的败将之妻为妾，按说也是情理中事。曹操出尔反尔，将杜氏据为己有，关羽对此极为不满，甚至一度动了杀机，对一个铁血男儿来说，恐怕也只是"一念之差"。就凭这一件事情说关羽与曹操争风吃醋，说关羽是个"好色之徒"，未免过于刻薄而不近人情了。

"三请诸葛亮"是真是假

《三国演义》是我国古代四大名著之一，作者罗贯中在书中记述了刘备"三顾茅庐"请诸葛亮出山的故事，成为三国中的一段佳话，历来为人传颂。但也有人对三顾茅庐的真实性提出怀疑，他们认为真实的历史是诸葛亮自己去见的刘备。

《三国演义》是我国古代四大名著之一，作者罗贯中在书中记述了刘备"三顾茅庐"请诸葛亮出山的故事。汉末，黄巾起义爆发，天下大乱。曹操坐踞朝廷，孙权拥兵东吴，汉宗室豫州牧刘备在谋士徐庶和司马徽的推荐下，和关羽、张飞一起到隆中（今湖北省襄阳市）卧龙岗去请诸葛亮出山。第一次去时，恰巧诸葛亮外出，刘备只得失望地返回。不久，刘备又和关羽、张飞冒着大风雪第二次去请，不料诸葛亮又出外闲游去了。张飞本不愿意再来，见诸葛亮不在家，就催着要回去。刘备只得留下一封信，表达自己对诸葛亮的敬佩和请他出来帮助自己挽救国家危难局面的意思。过了一些时候，刘备准备再去请诸葛亮。关羽说诸葛亮也许是徒有虚名，未必有真才实学，主张不用去了。张飞却主张由自己一个人去叫，如他不来，就用绳子把他捆来。刘备把张飞责备了一顿，又和他俩第三次拜访诸葛亮。到时，诸葛亮正在睡觉。刘备不忍惊动他，一直站到诸葛亮醒来，才彼此坐下谈话，诸葛亮于是提出了对刘备的发展有战略意义的《隆中对》。诸葛亮出山后，为蜀国的建立立下了汗马功劳。《三国演义》把刘备三次亲自敦请诸葛亮的这件事情，叫作"三顾茅庐"。

"三顾茅庐"是三国中的一段佳话，历来为人传颂。但也有人对"三顾茅庐"的真实性提出怀疑，他们认为真实的历史是诸葛亮自己去见的刘备。

据考证，《三国志》之外的史料再没有"三顾茅庐"的记载，而且，纵览整个三国史料以及相关历史人物，竟无一人提到刘备三顾于诸葛亮，这个在后世尊之为礼贤下士的典范之事迹在三国时代竟无人提起，真是无法想象。与之相对的是，有些史料对刘备和诸葛亮见面的相关记载，与《三国志》的记载大相径庭。根据《魏略》和《九州春秋》的记载，刘备来到荆州后，屯兵于樊城。建安十二年（207年），曹操平定了北方，诸葛亮料定其下一个攻击目标必是荆州，而刘表"性缓，不晓军事"，于是"北行见备"。刘备与诸葛亮初次相见，又见诸葛亮年龄不大，于是对其并不是特别在意，只当作一般士人接待（"以其年少，以诸生意待之"）。刘备和大家谈完之后，诸葛亮并没有像其他人一样离开，而是留了下来。刘备对他并不在意，而是编起草鞋来。诸葛亮便说："将军的雄心壮志难道就是编草鞋吗？"刘备知道诸葛亮有话要说，于是就说："你这是什么话！我不过'聊以忘忧'罢了。"诸葛亮接着说："将军度量一下，刘镇南（指刘表）和曹公相比怎么样？"刘备说："比不上。"诸葛亮又问："将军自己呢？"刘备说："也比不上。"诸葛亮说："都比不上，难道就等着人家来宰割吗？"刘备说："我也发愁，那你说怎么办？"诸葛亮就给刘备出了个主意，让他建议刘表鼓励游民自力更生，并登记在册，这样就可以增加荆州的实力了。经过这一番谈话后，刘备才"以上客礼之"。西晋司马彪《九州春秋》也做过相同的记载。

先抛开《魏略》和《九州春秋》的记载是否属实，若刘备真的曾经"三顾茅庐"，从常理分析，诸葛亮是位胸有宏图之士，刘备请他出山，正合其意，他摆摆架子，考察一下刘备的诚心当然也有可能。但是让人不懂的是，当时曹操几十万南征大军正威胁着刘备，诸葛亮的《隆中对》不提这个紧迫的现实问题，非常不合乎情理。同时，刘备第一次见诸葛亮，诸葛亮的《隆中对》对当时的形势来看要高度保密，刘备怎会让人现场做好记录而让天下尽知。与之相比较的是，郭嘉初见曹操时对天下大势分析，后人一字不知，只有曹操感叹：能使我安天下者，必此人。看来，所谓《隆中对》，很有可能是后人附会《出师表》而杜撰的。据此，"三顾茅庐"之说就不可信了。

那么，陈寿在写《三国志》时为什么会写刘备"三顾茅庐"呢？因为诸葛亮在《出师表》中说得很明白："臣本布衣，躬耕于南阳，苟全性命于乱世，不求闻达于诸侯。先帝不以臣卑鄙，猥自枉屈，三顾臣于草庐之中，咨臣以当世之事。由是感激，遂许先帝以驱驰。"也就是刘备亲自到隆中找过诸葛亮，而且去了多次，这也是诸葛亮决定出山辅佐刘备的直接原因。从诸葛亮出山到上表，不过 21 年，许多当事人都还健在，诸葛亮凭空捏造一个"三顾茅庐"的故事，无论从诸葛亮的为人看，还是从当时的实际情况看，恐怕都不可能。于是陈寿记载刘备曾"三顾茅庐"。后来，陈寿在他的《进诸葛亮集表》中，也做了很清楚的描述。陈寿说："左将军刘备以亮有殊量，乃三

明 戴进 《三顾草庐图》

顾亮于草庐之中。亮深谓备雄姿杰出，遂解带写诚，厚相接纳。"这就把前因后果说得再清楚不过了。

　　还有人认为《三国志》《魏略》《九州春秋》的记载并不冲突，这部分学者认为"三顾茅庐"与诸葛亮的自请相见都是真实可信的。如清代学者洪颐煊在《诸史考异》中说诸葛亮初见刘备于樊城，刘备虽以上客待之，但没有特别器重他，于是诸葛亮就又回去了。等到徐庶举荐时，刘备才意识到诸葛亮的价值，于是亲自出马，三顾茅庐，重新把诸葛亮请了出来。正因为有前面的那段曲折，这才需要亲自出马，也才需要"三顾"而不是"一顾"。

　　不管是诸葛亮自荐于刘备，还是刘备三顾诸葛亮于草庐之中，或是诸葛亮先自荐于刘备，刘备再三顾诸葛亮于草庐之中，诸葛亮终因为刘备的礼贤下士而出山辅佐他，为刘备出谋划策，整肃军队，为蜀汉的建立起到了不可或缺的重要作用。

壹伍 诸葛亮七擒孟获是真是假

民间传说诸葛亮"七擒孟获"，是因为诸葛亮"南抚夷越"的政策已经深入人心，难免会将一些其他人物的事迹，都牵强附会到诸葛亮身上，甚至有些好事者编出一些故事附加到诸葛亮身上，这些故事随着时间的推移，以讹传讹，使得史学家也不得不信了。

"七擒孟获"是《三国演义》大书特书的篇章，历来广为流传。东汉末年，魏、蜀、吴三分天下。蜀丞相诸葛亮受刘备托孤遗诏，立志北伐，以重兴汉室。蜀汉建兴三年（225年），诸葛亮为了巩固后方，解除北伐曹魏的后顾之忧，亲自率军南征，平定南中地区的叛乱。进入南中以后，蜀军连连取得胜利。诸葛亮听说叛军首领孟获被当地的夷、汉民众所敬服，便设法把他捉获。诸葛亮领他观看蜀军的营阵，问他："此军如何？"孟获不服，说："以前我不知道蜀军的虚实，所以败。今天你让我观看了营阵，再打我肯定能赢！"诸葛亮便把他放掉，让他回去组织人马再战。就这样一连七擒七纵，当诸葛亮最后一次释放孟获时，孟获说："公，天威也，南人不再反叛了！"诸葛亮以这种攻心的战略，成功地平服了叛乱，稳定了南方，使他可以专注于北伐而无后顾之忧。

从古到今，几乎没有人怀疑这件事的真实性，史家裴松之、司马光等人对此极尽赞美之辞，文人如赵藩的"能攻心则反侧自消，从古知兵非好战"，"七擒依算略，一战定蛮苗"等赞辞不胜枚举；小说《三国演义》更是汇集了各种传说故事，把"七纵七擒"这句话加以渲染，使之成为耳熟能详的长篇故事。其影响所及，以至于异国他乡也是有口皆碑。不少来自东南亚缅甸、泰国一些地方的人，都不敢直呼诸葛亮之名，而尊称他为孔明。

但是，翻遍《三国志》这本权威的历史著作，也找不到任何地方提到过孟获，更没有关于"七擒孟获"的记载。部分史学家也认为，对于一个叛乱领袖，抓住七次又放掉七次，既不符合诸葛亮谨慎小心的性格，也不符合战争的常规。那么历史上究竟有没有孟获其人？诸葛亮是否真的"七擒孟获"呢？

我们先看历史上是否存在孟获其人。在《三国志·蜀书·诸葛亮传》中，有关他平定南中的记载总共 12 个字："三年春，亮率众南征，其秋悉平。"另外，《三国志》在其他章节中有关于南征的零星记载也没有提到过"孟获"这个名字。有人据此认为，历史上可能根本就没有孟获其人，如果历史上真有"七擒孟获"这种战争史上罕见的成功战例的话，《三国志》上怎么会毫无记载呢？然而，史学界普遍认为，《三国志》中的记载过于简略，漏掉过很多珍贵的历史资料。而且与《三国志》几乎同时代的历史著作《汉晋春秋》却提到了诸葛亮对孟获"七擒七纵"的记载，写作时间稍晚一点的著名历史地理著作《华阳国志》和《水经注》也都提到了"七擒孟获"。

元　赵孟頫　《诸葛亮像》

　　现在云南昭通第三中学内著名汉代"孟孝琚碑"，是清光绪二十七年（1901 年）在昭通县（今云南省昭通市）县城南十里白泥井出土的。该碑记载汉代孟姓在历史上是南中最著名的两个大姓之一。除此之外，有关孟获祭祀的历史非常久远。据目前发现的实物资料显示，最早是唐代和宋代时期。至于建国前西南诸省，或建祠庙，或附祀土主庙以祠孟获者多处。仅西昌县石柱子土主庙、青龙寺、五显庙就都设像祭祀。民间所供五显填神，其画轴左侧第三层排列中有一孟获像，俗称"扫坛蛮王"。据此，史学界大多倾向于认为，虽然孟获的生卒时间无法考证，但"孟获"这个人在历史上应该是有的。

孟获确有其人，那么，诸葛亮是否对其"七擒七纵"呢？

从时间上来看，据史书记载，诸葛亮七擒孟获之后，"遂至滇池"，时间正是这年秋天。从他"五月渡泸"，只用了大约四个月左右的时间，就把"称兵倡乱"长达两三年之久的反叛势力"悉平"。在那么短的时间里，"方务在北"的诸葛亮一方面要攻城克寨，安抚边民，筹集粮草，另一方面又要克服险峻恶劣的自然条件。用这么短的时间，要完成那么多的事，这在当时科技交通都不发达的社会里，无论如何也是难以办到的。《通鉴辑览》也说："七纵七擒为记载所艳称，无识已甚。荒蛮夷固当使之心服，然以缚渠屡遣，直同儿戏，一再为甚，又可七乎，即云几上之肉不足虑，而脱韝试鹰，发押尝虎，终非善策。且彼时亮之所急者，欲定南而伐北，岂宜屡纵屡擒，耽延时日之理，知其必不出此。"

从地理位置上看，南中在三国时期指现在的云南、贵州和四川的西南部，当时是蜀国的一部分，自古称为"夷越之地"，即少数民族居住的地方。诸葛亮是建兴三年（225 年）三月从成都出发，四月平越隽（今四川省西昌市东南），五月渡泸（今金沙江），至秋，四郡（越隽、建宁、牂柯、永昌）俱平，取道滇东北，冬至汉阳（今四川省庆符市），十二月回到成都的。从上述情况可以看出，诸葛亮安定南中时显然没有到过滇西。然而，非常奇怪的是，在滇西却留下了许多有关诸葛亮南征的"遗迹"和民间传说。如《滇云纪略》称："七擒孟获：一擒于白崖，今赵州定西岭。一擒于邓赕豪猪洞，今邓川州。一擒于佛光寨，今浪穹县巡检司东二里。一擒于冶渠山。一擒于爱甸，今顺宁府地。一擒于怒江边，今保山县腾越州之间。一以火攻，擒于山谷，即怒江之蹯蛇谷。"从这些地点的分布来看，几乎全都在今天云南西部大理、保山一带，诸葛亮怎么会在一个自己没到过的地方"七擒孟获"呢？

我们可以看出，"七擒七纵"的故事实际上是不存在的，民间传说诸葛亮"七擒孟获"，是因为诸葛亮"南抚夷越"的政策已经深入人心，当地百姓对诸葛亮极为尊崇，难免会将一些其他人物的事迹牵强附会到诸葛亮身上。随着时间的推移，这些故事以讹传讹，使得史学家也不得不信了。

壹陆 诸葛亮是否写过《后出师表》

诸葛亮是怎样一个人呢？我们并不完全是通过《三国志》《三国演义》和其他史载了解他的，最直观的便是他写的前、后《出师表》，在《后出师表》中更有"鞠躬尽瘁，死而后已"的名句。但是史家依然怀疑这不是诸葛亮写的，这是怎么回事呢？诸葛亮到底有没有写过《后出师表》呢？

223年，刘备亡故后，诸葛亮为了实现北伐目的，加紧步伐，实行了一系列政治和经济措施，稳定南方，发展经济，使蜀汉境内呈现兴旺景象。五年后，诸葛亮在七年时间里对曹魏发动了的六次北伐。227年"一出祁山"之前，诸葛亮向后主刘禅上疏《前出师表》，劝勉后主广开言路、严明赏罚、亲贤远佞，同时也表达自己以身许国、忠贞不贰的思想。全篇情感真挚，文笔酣畅，是古代散文中的杰出作品。第一次北伐失利后，诸葛亮引咎责躬，厉兵屯粮，当孙权破曹休，魏兵东下而关中虚弱之时，他再次上表请求伐魏。因为他第一次北伐时有一篇《出师表》，因此这一次写的被称为《后出师表》。

　　《后出师表》提到"鞠躬尽力，死而后已"，这是诸葛亮一生的写照。但是，诸葛亮真的写过《后出师表》吗？有的人提出了怀疑。

　　最早在陈寿的《三国志》中，人们发现只载有《前出师表》，而没有《后出师表》。陈寿是三国西晋人，蜀国灭亡时 31 岁，他为什么会没有记载呢？有人认为是因为《三国志》以魏为正统，而《后出师表》中有"魏贼"的语言。《后出师表》最先收录于东晋习凿齿所著《汉晋春秋》，但南朝裴松之注《三国志》引这篇"表"时却注明："此表，《亮集》所无，出张俨《默记》。"张俨是三国吴人，那么张俨有没有可能得到诸葛亮的第一手资料呢？在南朝皇家著作《昭明文选》中，也只选录《前出师表》，而未收《后出师表》。所以，清人钱大昭在《三国志辨疑》中就怀疑《后出师表》为后人伪撰，他还认为，习凿齿把它收进《汉晋春秋》有欠考虑，陈寿的《三国志》不载此文是"极有卓见"。

　　否认诸葛亮写《后出师表》的理由大致可归纳为如下几点：

　　第一，《后出师表》提及的一些事情与史实明显不符，特别是赵云的逝世日期。《三国志·蜀书·赵云传》说赵云"建兴七年卒"，即 229 年，而《后出师表》书于建兴六年（228 年）十一月，却有："自臣到汉中，中间期年耳，然丧赵云、阳群、马玉、阎芝、丁立、白寿、刘命、邓铜等及曲长屯将七十余人。"其中，阳群、马玉、阎芝、丁立、白寿、刘合、邓铜等人均不见史书记载。此外，列数曹操的几次失利，如困于南阳、险于乌巢、危于祈连、僵于黎阳、几败北山、殆死潼关，其中除南阳、乌巢、潼关几次遇险史书有记载外，另几次也没有确切的依据。

　　第二，《后出师表》与《前出师表》在用语立意上完全不同。首先，《后出师表》开头直言后主无能，"今陛下未及高帝，谋臣不如良、平，而欲以长计取胜，坐定天下，此臣之未解一也"，这不像是臣下对君主的口气，更不像出自诸葛亮之口。其次，《前出师表》表示了诸葛亮对北伐的信心："当奖率三军，北定中原，庶竭驽钝，攘除奸凶，兴复汉室，还于旧都。"又说："愿陛下托臣以讨贼兴复之效；不效，则治臣之罪，以告先帝之灵。"《后出师表》却一扫前表的信心，列举了六条不解，皆显消沉、沮丧。"然不伐贼，王业亦亡；惟坐待亡，孰与伐之？""至于成败利钝，非臣之明所能逆睹也。"时过一年，仅第二次北伐的诸葛亮怎会如此雄心全挫呢？

第三，在风格上，《前出师表》中显示了诸葛亮初年无意为政，故风格高迈。《后出师表》中辞意不免庸陋，如"群疑满腹，众难塞胸，今岁不战，明年不征"四句，两句对偶，意思却完全雷同。清代学者黄式之就说："《前表》悲壮，《后表》衰飒；《前表》意周而辞简，《后表》意窘而辞繁。"

近人比较倾向于《后出师表》非诸葛亮自作，那么伪造者会是谁呢？有人认为是张俨所作，因为《后出师表》出于张俨的《默记》。但是马上就被否定了，因为张俨对于诸葛亮的将才是评价很高的，常叹息假使诸葛亮寿命长一些，北伐一定可以取得胜利。这与《后出师表》疑虑重重的态度全然不同。又有人认为是诸葛亮的胞侄诸葛恪所作。诸葛恪在 252 年孙权临死时，受命为吴大将军，曾发动过对魏的战争，"议者谓为非计"甚众。于是，有可能在纪念诸葛亮基础上伪制《后出师表》。张俨死于 266 年，这篇伪制品也许被收录进他所撰的《默记》。不过也有人认为，由于亲属关系，诸葛恪也可以得到诸葛亮的文字。

所以，不管诸葛亮是作为原作者还是另有伪作者，都没有确切可考的依据。罗贯中把《后出师表》写入《三国演义》，大概是抓住诸葛亮"鞠躬尽瘁，死而后已"的精神，以塑造一个为人所景仰的艺术形象，所以《后出师表》也广为人知。但是诸葛亮究竟有没有写过《后出师表》呢？这还是一个谜。

明　佚名　《帝鉴图说·君臣鱼水》插图

壹柒 诸葛亮八阵图阵势变换之谜

八阵图相传是三国时期的诸葛亮创设的一种阵法，他在御敌之时用乱石在地上堆成石阵，按照遁甲分成生、伤、休、杜、景、死、惊、开 8 门，变化万端，可挡 10 万精兵。那这样一个神奇的阵局又是如何变换阵势的呢？

在四川奉节城池的东南方，卧龙山方向，朝长江的江心伸出一道 600 余米宽、1500 余米长的狭长碛坝，另有一条支流从中一穿而过，这便形成了一道阻拦东进之军的天然屏障，相传这里就是诸葛亮当年摆下八阵图的地方。

八阵即"天、地、风、云、龙、虎、鸟、蛇"为名称的战斗队列，大阵包小阵，演变成为八八六十四阵，彼此又合为一个大方阵。阵法变换无穷，加上阵后另设骑兵 24 阵，游变往返，机动灵活地配合大方阵作战。更因是诸葛亮创建的此阵，所以自然就会为阵法增添了许多神秘的色彩。据《三国志·蜀书·诸葛亮传》记载："亮长于巧思，损益连弩，木牛流马，皆出其意；推演丘法，作八阵图，咸得其要云。"

诸葛亮创制的八阵图吸收并融入了道家八卦的排列组合，兼容了天文地理各方，是古代不可多得的作战阵法。谨慎堂《诸葛氏宗谱》就载有"八阵功高妙用藏与名成八阵图"的诗词赞歌。

天覆阵赞：天阵十六，外方内圆，四为风扬，其形象天，为阵之主，为兵之先。善用三军，其形不偏。

地载阵赞：地阵十二，其形正方，云主四角，冲敌难当，其体莫测，动用无穷，独立不可，配之于阳。

风扬阵赞：风无正形，附之于天，变而为蛇，其意渐玄，风能鼓物，万物绕焉，蛇能为绕，三军惧焉。

云垂阵赞：云附于地，始则无形，变为翔鸟，其状乃成，鸟能突出，云能晦异，千变万化，金革之声。

龙飞阵赞：天地后冲，龙变其中，有爪有足，有背有胸。潜则不测，动则无穷，阵形赫然，名象为龙。

虎翼阵赞：天地前冲，变为虎翼，伏虎将搏，盛其威力。淮阴用之，变为无极，垓下之会，鲁公莫测。

鸟翔阵赞：鸷鸟将搏，必先翱翔，势临霄汉，飞禽伏藏。审之而下，必有中伤，一夫突击，三军莫当。

蛇蟠阵赞：风为蛇蟠，附天成形，势能围绕，性能屈伸。四奇之中，与虎为邻，后变常山，首尾相困。

八阵图的组成，是以乾坤巽艮四间地，为天地风云正阵，作为正兵。西北者为乾地，乾为天阵。西南者为坤地，坤为地阵。东南之地为巽居，巽者为风阵。东北之地为艮居，艮者为山，山川出

明　佚名　《诸葛亮立像》轴

云，为云阵，以水、火、金、木为龙、虎、鸟、蛇四奇阵，作为奇兵。布阵是左为青龙（阵），右为白虎（阵），前为朱雀鸟（阵），后为玄武蛇（阵），虚其中大将居之。此八阵又布局于总阵之中，总阵共为八八六十四阵，加上游兵24阵组成。总阵阴阳之各32阵，阳有24阵，阴有24阵。游兵24阵，在60阵之后，凡行军、结阵、合战、设疑、补缺、后勤全在游兵之列。有很多赞颂八阵图威力无比的歌谣："阵间容阵，队间容队；以前为后，以后为前；进无速奔，退无遽走；四头八尾，触处为首；敌冲其中，两头皆救；奇正相生，循环无端；首尾相应，隐显莫测；料事如神，临机应变。""八阵之法，一阵之中，两阵相从，一战一守；中外轻重，刚柔之节，彼此虚实，主客先后，经纬变动，正因为基，奇因突进，多因互作，后勤保证。"可见此阵法是环环相扣，步步紧逼，让对方完全没有回击之力，真不愧是一幅优秀的战略部署图。

壹捌 花木兰代父从军是真事吗

虽然花木兰是家喻户晓的人物，但在正史中却没有关于她的记载。我们最早见到的记载木兰从军的故事是南北朝时期的《木兰辞》，其中描写的"木兰代父从军"的故事究竟是文学杜撰，还是历史上确有其人其事呢？

在我国南北朝时期流传于北方的一首长篇叙事民歌《木兰辞》，讲述了一位巾帼英雄代父从军的传奇故事："唧唧复唧唧，木兰当户织，不闻机杼声，惟闻女叹息……"这首民歌将花木兰女扮男装替父从军的传奇故事传唱至今，使人们对花木兰这位巾帼英雄充满了敬仰。

木兰从小跟着父亲读书写字，平日料理家务。她喜欢骑马射箭，练得一身好武艺。有一天，衙门里的差役送来了征兵的通知，按照当时的征兵制度，木兰的父亲也要从军。但木兰的父亲年岁已大，并且染病在身，根本就不能参军上战场杀敌。木兰没有哥哥，弟弟又太小，她不忍心让年老的父亲去受苦，于是决定女扮男装，代父从军。

北宋　米芾　《木兰诗》

木蘭詩

唧唧復唧唧，木蘭當戶織。不聞機杼聲，唯聞女歎息。問女何所思，問女何所憶。女亦無所思，女亦無所憶。昨夜見軍帖，可汗大點兵，軍書十二卷，卷卷有爺名。阿爺無大兒，木蘭無長兄，願為市鞍馬，從此替爺征。

東市買駿馬，西市買鞍韉，南市買轡頭，北市買長鞭。旦辭爺孃去，暮宿黃河邊，不聞爺孃喚女聲，但聞黃河流水鳴濺濺。旦辭黃河去，暮至黑山頭，不聞爺孃喚女聲，但聞燕山鐵騎鳴啾啾。

萬里赴戎機，關山度若飛。朔氣傳金柝，寒光照鐵衣。將軍百戰死，壯士十年歸。

歸來見天子，天子坐明堂。策勳十二轉，賞賜百千強。可汗問所欲，木蘭不用尚書郎，願馳千里足，送兒還故鄉。

爺孃聞女來，出郭相扶將；阿姊聞妹來，當戶理紅妝；小弟聞姊來，磨刀霍霍向豬羊。開我東閣門，坐我西閣床，脫我戰時袍，著我舊時裳，當窗理雲鬢，對鏡貼花黃。出門看火伴，火伴皆驚惶：同行十二年，不知木蘭是女郎。

木兰的父母虽不舍得女儿出征，但又无他法，只好同意她去了。

木兰随着队伍到了北方边境后，她担心自己女扮男装的秘密被人发现，故此处处加倍小心。白天行军，木兰紧紧地跟上队伍，从不敢掉队；夜晚宿营，她从来不敢脱衣服；作战的时候，她凭着一身好武艺，总是冲杀在前。战争一直持续了 12 年，由于木兰作战勇猛，武艺、兵法样样精通，在军中屡立战功，脱颖而出的她渐渐从一名普通士兵跃居为一名将军。

战争结束了，大军终于凯旋。皇帝论功行赏，封木兰为尚书郎。但是，木兰却不愿做官，也不想要财物，她只希望得到一匹快马，好让自己立刻回家。皇帝欣然答应，并派使者护送木兰回去。木兰的父母听说木兰回来，非常欢喜，立刻赶到城外去迎接。弟弟在家里也杀猪宰羊，以慰劳为国立功的姐姐。木兰回家后，脱下战袍，换上女装，梳好头发，出来向护送她回家的同伴们道谢。同伴们见木兰原是女儿身，都万分惊奇，没想到共同战斗 12 年的战友竟是一位漂亮的女子。

于是，木兰从军的故事就一传十、十传百，在民间流传开来。虽然木兰是家喻户晓的人物，但在正史中却没有关于她的记载。我们最早见到的记载木兰从军故事的是南北朝时期的《木兰辞》，其中描写的"木兰代父从军"的故事究竟是文学杜撰，还是历史上确有其人其事呢？

对于在历史上有无木兰这个人的问题，存在两种截然相反的观点。一种观点认为，"木兰"的名字最早见于民歌《木兰辞》，无正史记载，她只是古代文学作品中的一个文学形象，并非真有其人。而另外一些人却认为，没有被记载入正史并不代表本人不存在，中国古代就连位高至宰辅者也未必尽入正史，特别是武将，即便参加过征战者也只不过写进了几位功勋特别卓著与地位名望特别显贵的人，况且古代文学作品中描写真人真事的不计其数，木兰代父从军的故事就来源于真人真事，而且木兰就是唐朝人。

这些人首先认为《木兰辞》中描写的故事发生在唐朝。首先，诗中有"可汗大点兵"。查遍《二十四史》，天子而兼有可汗之称的仅有唐太宗一人。其次，诗中有"从此替爷征"句，只有唐初实行的府兵制才有子代父征的规定。虽然府兵制早在北魏就出现了，但都没有子代父征的规定。另外，诗中描写府兵制的诗句甚多，如"愿为市鞍马""东市买骏马""西市买鞍鞯"等，都是只有唐初的折冲府中有了自备资粮兵器的规定才有可能产生这种行动。诗中还有"出门看火伴"等句，也只有唐初的折冲府才规定十人为火，据此可佐证木兰的故事应该发生在唐初。再次，诗中有"策勋十二转"句，只有唐代置司勋吏，掌管官吏勋级，凡达到十二转者称为上柱国，对立有战功的将士先授以荣衔，再封以相应的官职。最后，诗中有"愿驰千里足"句，史书记载"唐制，驿置明驼使，非边塞军机，不得擅发"，据此，木兰的故事亦应发生在唐代。

那么，《木兰辞》有没有可能杜撰了一个唐朝女子代父从军的故事呢？宋代的文学家程大昌在《演繁露》中说："乐府有木兰，乃女子，代父征戍，十年而归，不受爵赏，人为作诗，然不著何代人，或者疑为寓言，然白乐天题木兰花云：怪得独饶脂粉态，木兰曾作女即来，又杜牧有题木兰庙云云，既有庙貌，又云曾作女即，则诚有其人矣！"明朝的田艺蘅在《留青日札》中也有相似的说法。他们都根据白居易和杜牧的诗句，不仅认定历史上实有木兰其人，而且认定木兰是唐代人，因为《木兰辞》在唐代尚无争议，唐代人对于唐代史实当然是了解。而且，值得注意的一点是，杜牧的祖父杜佑是修过《通典》的著名史官，杜牧的《题木兰庙》相去初唐只不过一两代人，木兰的故事经由杜佑考证后再传给杜牧，事实应是可靠的，况且如果木兰的故事不是史实，为什么唐代众多诗人对之竟毫无置喙呢？这说明唐人非常熟悉木兰，木兰确系历史人物而并非虚构应是毋庸置疑的。

壹玖 北魏孝文帝的后宫丑闻之谜

　　孝文帝亲政后，继续推行冯太后进行的改革，改鲜卑姓为汉姓，改革服饰，迁都洛阳，制作礼乐，分定姓族，以前所未有的魄力对鲜卑族落后的社会习俗进行改革。但是，孝文帝在爱情生活上颇为坎坷，与事业的辉煌根本无法相比。

　　北魏是中国历史上一个少数民族统治的王朝。建立北魏的鲜卑族拓跋部，最初活动于大兴安岭北端东麓一带，过着游牧的生活。其后，拓跋部走出高山深谷，到达匈奴故地。西晋末年，占据了今河北、山西一带，并在什翼犍统治时，频繁地进行对外侵略战争，疆域不断扩大。经过多年的南征北战，424 年拓跋焘继位时，北魏已成为北方最强大的政权。到了拓跋宏继位时，国力更加强盛。孝文帝亲政后，继续推行冯太后施行的改革，改鲜卑姓为汉姓，改革服饰，迁都洛阳，制作礼乐，分定姓族，以前所未有的魄力对鲜卑族落后的社会习俗进行改革。但是，孝文帝在爱情生活上颇为坎坷，与事业的辉煌根本无法相比。

　　孝文帝的第一个皇后是林氏，一个甚至没能留下名字的女人，祖籍平凉。其父林胜，北魏献文帝时为权臣乙浑所杀。林氏入宫后，因为"容色美丽"，得幸于孝文帝，为孝文帝生了第一个儿子。后世的嫔妃们大多母凭子贵，但是，北魏却一直沿用汉武帝的老办法，"立其子杀其母"，就是在立儿子做太子的同时，杀掉太子的母亲，以此来防止吕后那样的悲剧重演。拓跋宏的生母也是这样被杀死的。太和七年（483年），也就是孝文帝17岁时，根据北魏"立子杀母"的制度，林氏被赐死，葬金陵，谥号贞皇后。

　　孝文帝的第二个妻子是高氏，是高丽人。当时，因为高丽国中局势动乱，其父高扬携家迁入北魏。高氏生得美丽异常，冯太后见其姿貌，感到非常惊叹，于是将其纳为孝文帝的妃子。高氏为孝文帝生了两男一女，其中一个就是后来的宣武帝元恪。497年，高氏死在前往洛阳的路上，葬终宁陵，谥号文昭贵人。

　　林氏和高氏虽然都为孝文帝生了孩子，但是孝文帝并没有明媒正娶她们，而且孝文帝也并不宠爱她们。孝文帝后来迎娶了两位皇后，分别是废皇后冯清、幽皇后冯润。废皇后冯清，是太师冯熙的女儿。太和十七年（493年），27岁的孝文帝虽然已经是7个男孩的父亲，然而从礼法上讲，他依然是未娶妻的单身汉。太尉元丕等上表说："长秋未建，六宫无主，请正内位。"冯清被立为皇后，她始终履行一个皇后应尽的责任和义务。每逢大典，她率领后宫中的夫人、嫔妃、世妇、御女如锦簇花团般出现在典礼现场；孝文帝出征，她留守平城，为远行的丈夫在佛前祈祷。然而，她也无法得到孝文帝的爱。

　　孝文帝所有的妻子中，他最情有独钟的是冯清的异母姐姐冯润。冯润14岁入宫，她风采照人，妩媚艳丽，深得皇帝宠爱。但是不久却得了慢性病，被冯太后送出宫当了尼姑。冯润病好之后，忍受不了念佛读经的寂寞，曾经与人有私情。孝文帝自冯润出宫之后，一直忘却不了她的音容笑貌，思念之情随着时光的流逝更加强烈。在得知冯润病愈的消息后，孝文帝马上将她接回了宫中。

冯润回宫后，孝文帝对她宠爱如初。496 年，孝文帝以皇后冯清不讲汉话为由，将其废为庶人，立冯润为皇后。失势的皇后冯清避居瑶光寺为尼，青灯古佛，孤独终老。孝文帝虽然宠爱冯润，却更加重视统一大业。太和二十二年（498 年），他发兵 20 万进攻南齐，并很顺利地攻下新野、南阳、樊城等地，之后，大军停在悬瓠一带休整。

皇上领兵在外，在后宫做主的新皇后冯润水性杨花的本性又显露出来。当时宫中有一位宦官叫高菩萨，仪表堂堂，是靠欺骗手段混进宫中的，仍是个没净身的真男子，不久冯氏与他便勾搭在一起。高菩萨很会笼络人，他手下有一批人甘心为他卖命，充当爪牙。冯氏也培植了一批私党，互相勾结，表里为奸。尽管宗室中有人知道了他们的丑事，但也无人敢管。

但是，冯氏的丑闻最终还是被孝文帝知道了。事情是这样的：当时年少寡居的彭城公主被冯润不学无术的弟弟冯夙看中，孝文帝也答应了这门亲事。谁知公主与死去的丈夫情深意笃，不愿马上嫁人，即使嫁人，也不愿意嫁给冯夙这样的平庸之辈。冯夙准备强娶之时，无奈的公主率几个婢仆秘密出宫，赶往皇帝军中，合盘端出了皇后与高菩萨的奸情。孝文帝又惊又怒，但对妹妹的话也不全信，认为可能是她在惊怒之下捕风捉影，说了气话。但是，孝文帝的亲信宦官刘腾的密报却将孝文帝对皇后的幻想击得粉碎，孝文帝因此事急怒攻心，病倒在军中。

冯皇后得知自己的丑行暴露后，忧惧之中忙与母亲常氏商讨对策。两人求托女巫，诅咒孝文帝速死，并希图像冯太后那样，另立少主临朝称制。同时为了侦探孝文帝的情况，冯润多次派心腹双蒙到军中探望孝文帝。孝文帝为免打草惊蛇，对宫中之事佯作不知，冯润不禁心中窃喜。

499年，孝文帝经周密安排，突然赶回洛阳，一入宫即捕拿高菩萨、双蒙等人，并且从冯皇后身上搜出一把三寸长的小匕首。到了晚上，孝文帝坐在含温室，让冯皇后坐在离自己的坐榻有两丈多远的东边屋子里，然后命令高菩萨等人坦白交代与皇后淫乱之事。高菩萨无奈，只得一一招供。审讯完高菩萨之后，孝文帝把彭城王元勰、北海王元详两人召进自己的房中，指着冯皇后对他们说："过去她是你们的嫂子，从今开始就是路人了，所以只管进来，勿须回避。"接着又说："这个荡妇想要拿刀刺杀我，我因她是文明太后家的女儿，不能废掉她，只是把她虚置在宫中，她如果有廉耻之心的话，或许能自取一死。所以，你们不要以为

北魏　彩绘石雕交脚菩萨像

北魏　骑马女鼓手

我还对她有什么情分。"彭城王和北海王出去后，孝文帝问冯皇后最后还有什么话要说，冯皇后跪地磕头，涕泣不已。孝文帝念在多年的夫妻情分上，让冯皇后回到后宫幽居，嫔妃们见到她还照样对她施皇后之礼，只是命令太子不再每天早晨去向她请安。

经此剧变，孝文帝一直郁郁寡欢，加上身体本来就虚弱，遂一病不起，临终时下旨："冯皇后长久以来不守妇道，乖违后德，我死之后，可以赐她自尽，以皇后之礼仪加以安葬，庶可免去冯氏家门之丑。"北海王等人以孝文帝的诏令去给冯皇后送毒药，冯皇后一边跑一边大声呼喊，不肯饮药，说道："皇上怎么会有这样的诏令，这是诸王之辈们要谋杀我呀！"北海王无奈，只好让人把她抓住，强迫她把毒药喝下去。淫乱后宫的冯皇后就这样一命呜呼！

贰拾 北朝众帝后出家之谜

这些皇帝修建的寺庵，名为寺院，实是帝后优游享乐的另一处别宫，被废黜的帝后只是失去了内主之尊，而在物质生活上与宫内差异不大。若从这个角度来看，北朝帝后为尼与被贬入冷宫相比，是一种优待，这无疑会刺激和吸引失败的帝后入庵为尼。

北朝指的是三国之后中国历史上一连串统治北中国的政权，主要包括北魏、东魏、西魏、北齐和北周。五朝中除北齐外，都是由鲜卑族建立。北朝与南朝分立的局面，被合称为南北朝。在北朝的中后期，大概100多年之中，竟然有文明皇太后冯氏、宣武皇后高氏、孝明皇后胡氏、恭帝皇后若干氏、文皇后乙弗氏、宣武灵皇后胡氏等魏、齐、周等国的皇太后、皇后17人出家为尼，实在是世所罕见。这成为我国佛教史和北朝发展史上的一个极为奇怪的现象。那么，是什么原因使这些高高在上、享受荣华富贵的帝后成为孤独寂寞、陪伴青灯古佛的尼姑呢？

　　大多数学者认为，这是因为统治者佞佛、媚佛而造成，如《晋书·何充传》载"二郗谄于道，二何佞于佛"，《新唐书·侯希逸传》亦载"好畋猎，佞佛，兴广祠庐，人苦之"。东汉明帝时，佛教传入我国，先始于洛阳。汉末曹魏时期，在河南地区得到了初步的传播，西晋十六朝时期得以迅速地传播和发展，在北魏时达到鼎盛。北魏共历 12 帝（列入正史帝纪者），148 年，是鲜卑族拓跋部建立起来的少数民族政权。北魏诸帝，除太武帝拓跋焘灭佛外，其余多奉佛。道武帝是北魏的开国皇帝，鲜卑族本来对佛教不大了解，"与西域殊绝，莫能往来，故浮图之教，未之得闻，或闻而未信也"（《魏书·释老志》）。后来在征战过程中，接触到诸地的佛寺和僧侣，于是好黄老，览佛经，见沙门，都加敬礼，并利用佛教收揽人心。继而任赵郡沙门法果为沙门统，令绾摄僧徒，并于都城平城（今山西省大同市）建立塔寺。而文成帝所面对的，是太武帝毁佛的残局，他在太武帝废佛之后大力兴佛，下诏说：释迦如来功济大千，惠流尘境，等生死者叹其达观，览文义者贵其妙用，助王政之禁律，益仁智之善性，排斥群邪，开演正觉（《魏书·释老志》）。文成帝下令，各州、郡、县都建造佛寺一所，凡是想出家的人，不论其年龄大小，一律听任出家。他想用佛教来化恶就善，于是，以往所毁的佛寺又都恢复起来了，佛像经论又得以流传，著名的云冈石窟也在文成帝时开凿。

　　孝文帝于洛阳城南伊阙龙门山之断崖分刻六龛，其佛最高达130 尺，全山造像 142289 尊。元魏时期造像记有 300 品，题名为200 品，成为我国文化遗产中最为珍贵者。宣武景明元年（500 年）诏营石窟，至正光四年（523 年）六月，用工 802366 个。

　　北齐是代东魏而立的又一个北方政权，历 6 帝 28 年。北齐佛教的鼎盛期是文宣帝高洋时代，高洋本人也佞佛，他曾把国家财产分成三份，供养僧尼就占三分之一。受禅僧僧稠的影响，高洋还喜好坐禅,坐禅时整日不出。他又行素食,禁止捕杀鱼虾虫鸟。

北周是代西魏而立的政权,历5帝24年,北周对于佛教经历了奉佛、毁佛、兴佛的过程。明帝宇文毓在位3年,大造佛像,曾为先皇帝造卢舍那织成像一躯和菩萨像二躯,他也下诏建寺,此诏存于《广弘明集》卷二十八中。继位的武帝宇文邕毁佛,到宣、静二帝,又重新兴佛。

从这样的大背景来分析,北朝17位帝后的出宫为尼,皆因佞佛使然。

然而,另外一些人从北朝17位帝后为尼的背景出发,仔细加以比较,得出了另一种结论,认为佞佛并不是帝后出家的真正原因,以为这些帝后出家为尼的真正原因包括:一是健康的缘故,寺庵的环境清静幽雅,有利于染病在身的帝后康复;二是有的帝后在争宠的角逐中,由于失宠而被逐出宫为尼;三是因皇位更迭或王朝易代而沦为牺牲品的,对这些失败的帝后来说,入尼庵实在是一个很好的去处;四是幼主嗣位后两宫争权的失败者;五是入寺寻求政治避难的,也有的皇后是逃避深宫禁锢追求个性解放,寺庵可以躲开皇宫的森严制度,可以成为相对自由的乐园,甚至于可以变为淫乐之地。魏太武帝就是因为发现佛寺有兵器、有藏匿妇女淫乐之处而毁佛的。

另外有一些人则认为应该从当时寺院经济的特殊地位来探讨分析这么多帝后出宫为尼的根本原因。北朝中后期,由于统治阶级的扶持,寺院势力得到了迅速发展,僧尼的人数骤增。北魏时,国都洛阳有寺1367所,江北整个地区有寺3万余所,出家僧尼达200余万人。与此同时,这些佛教寺院都拥有大量的土地、占有很多劳动力。他们不经营生产,通过出租或役使农民、经营商业、发放高利贷等,剥削广大的劳动人民,聚敛了大量的财富。逐渐形成了相当独立的寺院经济和特殊的僧侣地主阶层。范缜在《神灭论》中说:人倾尽家财去拜佛求僧，然而那些粮食却被无所事事的众僧吃掉了。大量钱财都流进了寺院，社会上到处都是坏人，却没有人去制止，人们还都在称颂"阿弥陀佛"。

在这些佛寺中，有的还是由统治者出资修建的。这些皇帝修建的寺庵大都富丽堂皇，以收容帝后为尼最多的瑶光寺为例，此寺还有大量的宫女供帝后妃役使。由此可以看出，这里名为寺院，实是帝后优游享乐的另一处别宫，被废黜的帝后只是失去了内主之尊，而在物质生活上与宫内差异不大。若从这个角度来看，北朝帝后为尼与被贬入冷宫相比，是一种优待，这无疑会刺激和吸引失败的帝后入宫为尼。因此，这些人认为，在当时，寺院的特殊地位才是帝后出宫为尼的根本原因。

明　佚名　《帝鉴图说·纵酒妄杀》插图
图绘高洋执政后期，以功业自矜，纵欲酗酒的故事。

武则天 17 个年号背后的玄机

武则天是唐高宗李治的皇后，高宗去世后，武则天相继废掉两个儿子中宗和睿宗，自己做了皇帝。武则天当政后，以太后名义临朝称制时起了 4 个年号，当了大周皇帝后又起了 13 个年号。这么多年号，武则天都是怎么起的呢？

武则天，并州文水（今山西省文水东）人，她是唐高宗李治的皇后，唐中宗李显、唐睿宗李旦之母。高宗去世后，武则天相继废掉两个儿子中宗和睿宗，自己做了皇帝，并改国号为"周"，史称"武周"。武则天在位前期，重用酷吏，严厉打击反对她的元老重臣、勋贵旧族，就此打破大族控制政局、垄断高官的局面。武则天于 690—705 年在位，世人据其尊号"则天大圣皇帝"称之为武则天（则，法则也，以为法则也。则天，即以天为法则，向上天学习，遵循上天的规律和要求的意思）。武则天当政后，以太后名义临朝称制时起了 4 个年号，当了大周皇帝后又起了 13 个年号。这么多年号，武则天都是怎么起的呢？

　　武则天临朝称制第一年起的第一个年号是"光宅"。所谓临朝，就是上朝处理政事；所谓称制，就是自称为"朕"，以皇帝制诏的名义发号施令。这是太后代君执政的合法形式。

　　"光宅"这个年号给人的感觉好比一个土财主搬进了大房子，并不大气，但是值得注意的是，《尚书·尧典》里有一篇序，是说"昔在帝尧，聪明文思，光宅天下，将逊于位，让于虞舜，作《尧典》"。西晋著名才子左思的《魏都赋》里面，则有"曁圣武之龙飞，肇受命而光宅"之句。"光宅"的意思，是指"使所居住的地方光彩熠熠"。《尧典》里说的是尧禅位的事，而《魏都赋》说的那个"圣武"是指"魏太祖武皇帝"曹操。看到这个词的渊源就可以窥见，武则天想当皇帝的念头在此时已经相当明确了。但是这个年号武则天用了 3 个多月，就废掉了。

　　"垂拱"是武则天用的第二个年号。徐敬业叛乱被平定后，武则天将新的一年改元为"垂拱"。垂拱一词，来自《尚书·武成》篇，原文为"谆信明义，崇德报功，垂拱而天下治"。垂拱的意思就是"垂衣拱手"，形容做事毫不费力。这一年，武则天 62 岁，从少女时代奋斗到此，她既有睥视当世的自信，也有不愿再起风波的渴望。"垂拱"这个年号，恰好代表了她此时的心情。

　　垂拱四年（688 年）八月，琅邪王李冲等李氏诸王谋反，被武则天消灭，武则天改元"永昌"，意思是永远昌盛。但是，"永昌"的"昌"字可拆成"二日"，这很容易给人这样的联想：两个太阳象征两个皇帝，"永昌"——那不就是永远有俩皇帝吗？这可是武则天的大忌。所以，用了不到一年，武则天就又换了一个年号"载初"。这大概是因为永昌元年（689 年）十一月，武则天下诏改用周历。武则天认为这件大事足以载入史册，用"载初"做年号就是为了纪念这件大事吧！

　　武则天当皇帝后用的第一个年号是"天授"。690年七月，僧人怀义与法明等撰《大云经疏》，利用《大方等无想大云经》中"有一天女，名曰净光。……当王国土，得转轮王""尔时诸臣即奉此女以继王嗣。女既承正，威伏天下！阎浮提（按指人世间）中所有国土，悉来奉承，无违拒者"的说法，将它附会为"佛"对武则天当女皇的"授记"，亦即预言。有了"佛"的"授记"，武则天自然就可以堂而皇之地做皇帝。于是，武则天便把《大云经》颁于天下，令两京与诸州各置大云寺一座，寺各藏《大云经》一本，由僧升高座讲解，使

清　佚名　《则天大圣皇帝像图》

天下咸知武则天是弥勒下生，应该取代李唐当皇帝。一阵紧锣密鼓之后，武则天便于这一年九月正式称帝，改国号为周。这个年号通俗易懂，武则天用这个年号向世人宣扬，不是我夺取了李家王朝，而是上天的意思。

692 年，武则天改年号为"如意"。这可能是武则天在谋得了最高权力后，她志得意满，觉得事事如意，所以以此为年号吧！但是，武则天在用年号"如意"不久，又改年号为"长寿"，这一年武则天68 岁。一年中两次改元，武则天给人的感觉好像还怕死去，同时是不是还希望大周"长寿"呢？

694 年，武则天开始使用"延载"这个年号。"延载"顺承"长寿"，其含义无非大周江山永固、皇恩泽被万世的意思。看来，此时的武则天似乎仍然"烈士暮年，壮心不已"。

晚年的武则天笃信佛教。695 年，远赴印度、历时 25 年、游经30 余国的僧人义净返回洛阳，带回梵本经、律、论近 400 部。武则天听说继玄奘之后又一位西行取经的高僧满载而归，亲自来到洛阳城东门外迎接，垂问赏赐，礼遇甚厚。武则天也改出自佛教用语证入圣果中的"证圣"为年号。

继"证圣"之后，武则天又用了"天册万岁""万岁登封""万岁通天" 3 个年号。这 3 个年号没什么特别用意，只是武则天的幕僚们阿谀奉承武则天所取。武则天用的第十三个年号是"神功"。关于用这个年号的原因，《旧唐书·则天皇后本纪》里记载："（万岁通天二年）九月，以契丹李尽灭等平，大赦天下，改元为神功。"

武则天所用的最后 4 个年号是"圣历""久视""大足""长安"。"圣历"这个年号同样是源于武则天追求"证成圣果"的心，共用了3 年。用"久视"这个年号，其目的在《旧唐书·则天皇后本纪》里也说得非常明白："（圣历三年）五月癸丑，上以所疾康复，大赦天下，改元为久视。"想必武则天得的是眼病，期望以后再也不受眼病折磨吧。

关于年号"大足"的来历，还有一个很有意思的传说。武则天当了皇帝后，刑严法峻，700 年秋，朝廷又将处决一批"罪犯"。刑部的官员都知道这些"罪犯"中有不少是冤枉的，为了救出这些人，终于想出一条妙计。他们知道武则天很迷信，喜图吉利，凡是献瑞祥者都给予重赏，于是就在狱墙内外伪造了许多长 5 尺的巨人脚印。到了傍晚，他们故意惊叫起来。宫内派内侍来打听怎么回事，刑官称："有圣人现，身长三丈，面黄金色，云：'汝等皆坐冤，然无忧，天子万年，即有恩赦。'"武则天令内侍举着火把在狱内外视察，果然看到许多巨人脚印。于是，武则天立即命令大赦天下，并在第二年改元为"大足"。但也有记载说武则天每一次使用新年号时，都"大赦天下"，唯独这一次例外，不知什么原因。

1 年后，武则天大约感到"大足"这个年号有点不雅，又改了一个她认为更加吉祥的年号"长安"。《旧唐书·则天皇后本纪》里说："（大足元年）十月，幸京师，大赦天下，改元为长安。"起这个名字的本意，无非为了纪念武则天的此次长安之行，歌颂皇恩浩荡。可是，她并没有从此"长安"，4 年后被迫将帝位让给了儿子李显，而武则天自己真的就长久安眠在她最后的这个年号里了，真是一词成谶！这，或许就是天意吧！

贰贰 上官婉儿为何不报灭族之仇

武后心狠手辣，先下手为强，她让大臣许敬宗捏造上官仪和已经被废的太子李忠图谋反叛，将上官仪父子处死，籍没其家。上官婉儿入宫后，不但不设法报灭族之仇，反而死心塌地地服侍武则天，这是什么原因呢？

唐朝显庆五年（660 年），唐高宗李治因患风眩，目不能视，遂下诏委托武后协理政事。自此，武则天从参政步入执政，"黜陟生杀，决于其口，天子拱手而已"，武则天虽在幕后，却掌控了朝廷实权。后来，高宗后悔，图谋收回大权，并密令中书侍郎上官仪草诏废后。岂知机事不密，"谋泄不果"，武后心狠手辣，先下手为强，让大臣许敬宗捏造上官仪和已经被废的太子李忠图谋反叛，将上官仪父子处死，籍没其家。据史书记载："上官仪及子庭芝既被诛，庭芝妻郑氏及女婉儿配入掖庭。"上官婉儿入宫后，不但不设法报灭族之仇，反而死心塌地地服侍武则天，这是什么原因呢？

武则天灭上官族的大灾难来临时，婉儿刚出生不久，随母亲郑氏在宫中任"宫奴"。在她 14 岁时，改变命运的机会终于来到。武则天即位后进行了许多改革，选拔优秀的女官是其中之一。听到上官婉儿的名声后，她招来母女二人，要亲自考考这个仇人之后。面对武则天的考题，上官婉儿一挥而就，写了一首七言诗，其文辞精美，比起朝廷大臣们的腐儒酸调，可谓天上人间。爱才的武则天并不计较上官婉儿的家族背景，感叹道："此女才智非凡，赛过须眉！"随后，她命上官婉儿离开掖庭，到她身边来当秘书，负责起草诏书等事宜。武皇帝大权独揽，她的秘书实际上有着重要的政治影响力，因此，到了武则天的身边就相当于步入当时的权力中心。

上官婉儿接到诏命后，心里非常复杂，这个权力至上的女人是杀死自己家人的仇人，害得自己和母亲沦落为奴，现在她又要去服侍她，憎恨、感激、恐惧……各种滋味涌上心头，上官婉儿烦恼无比。但是，在政治斗争极其复杂的宫廷中，先生存下来，这是最重要的。身为"罪臣"之后，如果不是讨到武则天的喜欢，恐怕她连做个寻常家庭妇女都不可得，更不用想自己和母亲脱离苦海了。想到这些，上官婉儿认真负责地完成自己的秘书工作，兢兢业业，这也越发得到武则天的信任与喜爱。可能有人会责怪她"认贼作父"，这样的指责对她是不公平的，一个娇弱少女，难道要她独立去对抗政权稳固的武则天王朝吗？

也有人认为，是武则天的宽大胸怀感动了上官婉儿。武则天是女中豪杰，在从政处事上每每显示出独特的魅力，令上官婉儿叹服不已，尤其是在对待骆宾王这个人物上。武则天在看过骆宾王起草的讨伐檄文后，竟然沉静地说道："宰相之过，人有如是才，而使之流落不偶乎？"上官婉儿心中十分惊服。武则天能够抛开自己的立场来审视他人，深为政敌的才子惋惜，的确是一个不计前嫌、求贤若渴的杰出政治家，从此她彻底打消了复仇的念头，死心塌地地跟随武则天，赢得了武则天的信任。

年轻漂亮又有才华的上官婉儿，很容易便成了三个皇子李贤、李显和李旦的共同爱慕对象，而上官婉儿的初恋对象是太子李贤。李贤比她大八岁，同在宫中长大，更何况李贤脾性温和，才华出众，她对李贤怀有爱慕之心可以理解。可是当李贤对武则天滥施淫威、擅权弄权产生不满之时，上官婉儿选择了背叛爱情，废太子的诏书就是由上官婉儿起草的，"太子怀逆，废为庶民，流放巴州"。

李贤之后，上官婉儿接受了新太子李显的爱。683 年，高宗去世，遗诏皇太子李显枢前即帝位，武则天以太后身份临朝称制。两个月以后，武则天将李显废为庐陵王，幽于别所，这篇诏书又是由上官婉儿来起草。

武则天非常信任上官婉儿，甚至与张昌宗在床榻间交欢时也不避忌她。张昌宗见上官婉儿青春靓丽，有时也勾引她。一天，张昌宗调戏婉儿时，被武则天看见。武则天盛怒之下，拔取金刀，插入上官婉儿前髻，伤及左额，怒斥道："汝敢近我禁脔，罪当处死。"在张昌宗的一再跪求下，才得赦免。婉儿因额有伤痕，便在伤疤处刺了一朵红色的梅花以遮掩，谁知却愈加娇媚。宫女们皆以为美，有人偷偷以胭脂在前额点红效仿，渐渐地宫中便有了这种红梅妆。

神龙元年（705 年），唐中宗复位以后，又令上官婉儿专掌起草诏令，并封其为昭容，封其母郑氏为沛国夫人。但此时婉儿并不高兴，她嫌中宗懦弱无能，投靠了掌握实际政权的韦皇后。在武后晚年时，上官婉儿曾与大臣武三思私通，她为了讨好皇后韦氏，竟然也将武三思让给了韦氏。上官婉儿在起草诏令的过程中经常推举武氏，抑制唐中宗，这引起了太子李重俊的气愤。景龙元年（707 年）七月，

明　佚名　《帝鉴图说·斜封除官》插图

李重俊发兵杀武三思及其亲党十余人，但是上官婉儿跑到了唐中宗和韦后处，并扬言说："观太子之意，是先杀上官婉儿，然后再依次捕弑皇后和陛下。"韦后和中宗一时大怒，发兵平叛，太子兵败被杀。

景云元年（710年），韦后和安乐公主毒死中宗，立中宗年仅16岁的幼子李重茂为帝，韦后称太后，临朝听政，并派上官婉儿商请太平公主，想得到她的帮助。此事未果以后，韦后自当朝政，后来还想杀少帝李重茂和相王李旦。多年繁华奢靡的生活，已经麻痹了上官婉儿原本清醒的头脑和敏锐的政治嗅觉，相王第三子李隆基得知韦后的阴谋后，与太平公主合谋，联络羽林军冲入皇宫杀死韦后和安乐公主。上官婉儿自然也难逃厄运，时年47岁，一代才女就此香消玉殒。

上官婉儿是历史上著名的才女之一，她的一生可谓是坎坷传奇。虽然没有丞相之名，但有丞相之实，武则天甚至一度要把她立为女皇。到了开元年间，唐玄宗追念上官婉儿的才华，下令收集其诗文，辑成20卷。尽管上官婉儿也曾一度享尽荣华与权力，但她仍要仰皇上、皇后、公主的鼻息，仍要曲意逢迎，这个中甘苦恐怕只有她自己知道。最终，她仍未逃脱厄运，做了皇权争斗的牺牲品。

唐朝望族为何不愿迎娶公主

出身豪门望族的贵公子，都以能够与皇家喜结连理而自豪。然而，这并非历朝历代的一个普遍现象，大唐盛世时期的豪门望族就是个例外。有着显赫家庭背景的士大夫不愿意娶公主为妻，这听起来有点不可思议。那么，这究竟是怎么回事呢？

唐朝是中国五千年历史长河中一个比较特殊的时代，它不仅将封建经济和文化推向了发展的顶峰，开创了一个新的局面，而且将中国推向了世界，为以后处于封建社会的中华民族立足于世界强国之林奠定了坚实的基础。然而，经济和政治上的成功并不能掩盖大唐皇室的落寞和尴尬：出身名门望族的士大夫根本不愿意娶唐朝公主为妻。这种反常的现象不仅引起了后世普通民众的兴趣，还引起了广大史学家的关注。为了弄清这种反常现象背后的真实原因，这些历史学家可谓费尽了心机。

有的人认为，士大夫之所以不愿娶公主为妻，其一是因为门第观念使然。在唐朝一代，门第观念十分流行。然而，流行于士大夫之中的这种门第观念，并非像普通百姓所指的拥有显赫的权位，而是指具有优良的家族文化传统、家法门风以及令人钦羡的婚姻关系。按照这些出身名门望族的士大夫的这一标准来加以判断，李唐皇室尽管拥有显赫的权位，但是在家族文化传统以及家法门风上，出身外族的李唐皇室成员根本无法与当时山东这些豪门望族相提并论。这些出身豪门望族的士大夫看不起皇室的门第，鄙视皇室的文化传统以及家法门风，因此不愿意与皇室公主结婚。其二是因为唐朝公主改嫁的现象非常严重，这无形中给这些出身名门望族的士大夫带来了心理压力。据《新唐书》统计，唐代改嫁的公主多达 26 人，其中定安公主、齐国公主更是三嫁。再加上太宗纳弟媳杨氏为妇，高宗以父亲宫中的才人武媚娘为皇后，玄宗强占儿媳杨玉环，武则天公开招面首，都已经是广泛流传于士大夫之中的不争的事实，这更加引起了士大夫对皇室的不满，因此，其不愿意娶唐朝的公主也是情有可原的。

也有的历史学家认为，出身名门望族的士大夫不愿意娶唐朝的公主，很大部分是因为唐朝服丧之礼的规定。根据《新唐代》卷二十《礼乐十》记载，妻死，夫必须服"齐衰杖周"之礼，也就是居丧持杖周年。但是如果妻子是公主的话，那么丈夫就必须为之服斩衰三年。唐人所写的《杜悰传》有关于驸马杜悰为公主服丧的记载："开成初，杜悰入为工部尚书、判度支。属岐阳公主薨，久而未谢。文宗怪之，问左右。户部侍郎李珏对曰：'近日驸马为公主服斩衰三年，所以士族之家不愿为国戚者，半为此也。'"由此可见，唐初所规定的这种服丧制度是士大夫不愿意娶唐朝公主为妻的主要原因之一。

还有的历史学家认为，引起士大夫不愿意娶公主为妻的最主要的原因在于公主自身缺少涵养，在社会上造成了极其恶劣的影响。相较

明　佚名　《玄宗贵妃奏笛图》（局部）

于其他朝代而言，唐朝时期的公主相对缺乏修养是一个不争的事实。据史料记载，唐朝公主"豪侈、骄纵者有之，专横、淫荡者有之，妒悍、残暴者也有之"，这在历朝历代确实是一个比较特殊的现象。《新唐书》中对各个公主缺乏修养的事实更是给予了详细的记载，在该书中，长公主"豪侈自肆"；合浦公主"负所爱而骄……见（浮屠辩机）而悦之，具帐其庐，与之乱"；魏国宪穆公主"恣横不法，帝（按：指德宗）幽之禁中"；襄阳公主"纵恣，常微行市里。有薛枢、薛浑、李元本皆得私侍"；宜城公主"下嫁裴巽。巽有嬖姝，主恚，刵耳劓鼻，且断巽发"。尤其是太平公主和安乐公主二人豪侈浪费、生活奢华、贪淫放纵、卖官鬻爵、干预朝政、排斥异己的恶行，更是广泛流传于士大夫中间。在这种情况下，出身名门望族的士大夫对唐朝的公主避之唯恐不及，更不用说将她们娶回家了。

　　尽管还有其他影响士大夫不愿意娶唐朝公主为妻的原因，但是史学界所提出的以上几种观点，足以为我们解释士大夫不愿娶唐朝公主背后的真正原因。

贰肆 日本国名竟是大唐批准使用

当时是武则天主政，据唐代开元年间的学者张守节在《史记正义》记载："……倭国，武皇后改曰日本，国在百济南，隔海依岛而居。"也就是唐朝正式批准了倭国对外使用"日本"的称号。

春秋战国时期，中原百姓为了逃避战争和奴役，不断向统治力量薄弱的边地和邻国逃难，其中有些人就到了日本列岛，也带去了先进的华夏文化。中日两国政府间的交往则到了东汉才开始，那时日本叫倭奴国。东汉光武帝中元二年（57年），倭奴国派使者到洛阳朝贡，光武帝赐以金印、绶带，金印上刻着"汉委奴国王"字样。1784年，日本福冈市的一个农民挖水沟时，挖出了这件珍贵文物，即"汉委奴国王"金印。东汉安帝永初元年（107年），倭奴国再次派使者来洛阳朝贡，并带来了"丰厚"的贡品。

这种交往到了唐朝时达到了顶峰，唐太宗贞观四年（630年）到唐昭宗乾宁元年（894年），日本向唐朝先后正式派遣唐使20余次。

这些遣唐使和随船的留学生，如饥似渴地学习中国文化。留学唐朝的学生回到日本，向天皇奏称："大唐国者，法式备定，珍国也，常须达。"以"大唐国为蓝本来建立'法式备定'的天皇制国家"。646年（日本大化二年）元旦，孝德天皇颁诏"改新"。据学者的考察，"大化改新"所颁律令与唐朝律令相同、相似的条文竟多达420余条。细心的读者在涉猎日本历史时，会发现日本在7世纪中期时就已经将"倭国"更名为"日本"了，他们为什么会改名？他们的改名与中国有关系吗？

在我国的正史中，《旧唐书》之前的史书均以"倭"来指称日本，《旧唐书》中"倭国""日本"两项并列；而《新唐书》及其之后的史书，多以"日本"来称呼现在的日本。所以，考察日本国名的更改，我们可以参考《旧唐书》和《新唐书》。

《旧唐书·东夷传》中日本条的记载为："日本国者，倭国之别种也。以其国在日边，故以日本为名，或曰：倭国自恶其名不雅，改为日本。或云：日本旧小国，并倭国之地。其人入朝者，多自矜大，不以实对，故中国疑焉。"《新唐书·东夷传》中对日本的记载则

为："咸亨元年（670 年），遣使贺平高丽。后稍习夏音，恶倭名，更号日本。使者自言，国近日所出，以为名。或云日本乃小国，为倭所并，故冒其号。使者不以情，故疑焉。又妄夸其国都方数千里，南、西尽海，东、北限大山，其外即毛人云。"

对比《旧唐书》和《新唐书》上的记载可以发现，倭国改"倭"名，是因为倭国认为"倭"这个名称"不雅"，"恶倭名"；之所以改称为日本，是因为"其国在日边"，"国近日所出"。那么，倭国为什么觉得"倭"这个名称"不雅"呢？

关于"倭"字，《说文解字》解释为"顺皃，从人，委声"。"顺"在这里有"顺从"的意思。东汉光武帝赐给倭王的"汉委（倭）奴国王"金印，可能就同时表达了东汉朝廷对倭方所寄托的"感其远道而来"且"冀其臣服"的意思。根据历史记载，从东汉到隋朝以前，中国和倭国总体上讲是册封与被册封关系。7 世纪初，倭国的生产力发展水平较以前有了很大提高。国力的增长也使得当时倭国对中国的态度发生了变化，这种变化体现在了当时隋、倭两国的交往当中。

明　仇英　《倭寇图卷》（局部）

日本第二次遣隋使到中国递交的国书中称"日出处天子致书日没处天子",第三次遣隋使国书称"东天皇敬白西皇帝"。这些国书中充分表露出倭国欲与中国分庭抗礼的心态。甚至在唐初的 660 年,日本遣使向唐朝皇帝提出要求一些小国"每岁入贡本国之朝",以显示自己是和中国一样使小国臣服的大国。但是,倭国很快改变了对中国的看法。

663 年,日本试图帮助被唐朝吞灭的百济复国,在白村江口和唐军大战。当时,唐水军首先到达白村江口。之后,日本水军也从海上抵达白村江,两军遭遇。当时,日本水兵万余,有 1000 多艘战船,而大唐水军仅有 7000 余人,170 艘战船。虽在人、船数量上相差悬殊,但大唐水军船坚器利,最终"四战捷,焚其舟四百艘,烟焰涨天,海水皆赤,贼众大溃"。

倭国在白江战役惨败后,重新审视了自己与唐朝的差距。日本遣唐使此时到中国来只是倾力学习唐朝文化,不再向朝廷要求册封,甚至甘心于等同"蕃国",其国策也由过去的地区政治进取转向了内敛、和平、发展的方向。由于"倭国自恶其名不雅","恶倭名";"以其国在日边","国近日所出",最晚在天智八年(669 年),倭国已经决定把对外的国号改为日本。据《古今图书集成》上记载:"咸亨元年,倭人始更号日本,遣使贺平高丽。"也就是 668 年高句丽被唐所灭之后,日本在 669 年遣使入唐朝贺时,向唐朝提出倭国对外改称"日本"的事。

但是,倭国从决定修改对外使用的国号,到向唐朝通告更号事宜,再到最终获得唐朝的承认,经过了一段历程,并不是一蹴而就的。据《善邻国宝记》中郭务悰出使倭国时所携带的国书中有"大唐皇帝敬问倭王",可以看出此时唐朝仍称日本为倭。郭务悰回国后不久，倭国爆发"壬申之乱"。天武天皇上台后，中断了与唐的外交关系。到了文武天皇大宝元年（701年），日本（对内仍称"倭"）才决定与唐朝恢复外交关系，派出了以粟田朝臣真人为首的代表团使唐。正是从此次往来开始，中国朝廷才正式承认了日本这个国号。当时是武则天主政，据唐代开元年间的学者张守节在《史记正义》记载"……倭国，武皇后改曰日本，国在百济南，隔海依岛而居"，也就是唐朝正式批准了倭国对外使用"日本"的称号。

贰伍 唐玄奘取经时是偷渡出境吗

唐玄奘的事迹经明代小说家吴承恩改编后，写入中国四大古典名著之一的《西游记》中，千百年来广为流传。但是，他的取经旅途竟然是没有经过唐政府出境同意的，通俗地讲，玄奘是"偷渡"出境，这是怎么一回事呢？

玄奘，唐朝著名的三藏法师，汉传佛教历史上最伟大的译师。他俗姓陈，本名祎，出生于河南洛阳洛州缑氏县（今河南省偃师市南境），佛教法相宗创始人，《西游记》中唐僧的原型。他曾于唐太宗贞观三年（629年），历尽千难万险前往天竺取经求法，前后历时17年，博学了当时大、小乘各种学说，携带回许多经籍，并长期从事翻译佛经的工作。他的事迹经明代小说家吴承恩改编后，写入中国四大古典名著之一的《西游记》中，千百年来广为流传。玄奘法师是中国历史上伟大的人物之一，但是，他的取经旅途竟然是没有经过唐政府出境同意的，通俗地讲，玄奘是"偷渡"出境。这是怎么一回事呢？

佚名　《玄奘三藏像》

原来，玄奘自幼家贫，父母早丧，13 岁时就出家。他为了学习佛法，曾游历各地，参访名师。26 岁时他来到了长安，此时的他已经对佛法有了一些研究。来到长安后，他住在大庄严寺，跟道岳学《俱舍论》，跟僧辩学《摄大乘论》，跟玄会学《涅槃经》。天资聪慧的玄奘没过多久，就已经将这三部佛经悉数领会。僧辩见玄奘如此聪慧，不禁感叹："你可以说是佛门中的千里马呀，佛法将在你的身上得到大力弘扬，只可惜我们这些老朽看不到那一天了。"玄奘在求学过程中，深感当时摄论、地论两家关于法相之说各异，他百思不得其解，于是产生了去印度求《瑜迦师地论》以会通一切的念头。

贞观元年（627 年），玄奘结侣陈表，请允西行求法。唐朝法律规定，凡需越渡关塞要津出国者，须向官府申请并取得"过所"后方可通行，"过所"相当于现在的签证。玄奘西行求法的时候，正是开元初年，唐朝国基未定，国政新开，禁止国民出境。虽然唐朝的好多高官实际上都是洋人，但还是禁止国民越境，所以玄奘西行求法的请求没有得到官方的许可。然而玄奘决心已定，于是"冒越宪章，私往天竺"。

玄奘离开西安后，辗转到了秦州，又转至兰州，并随使者西行至凉州。那时凉州都督李大亮奉命守关，他得知玄奘准备离境，又无官方证明，便追问玄奘出关缘由。玄奘坦言要西游取经，但李大亮并不放行。幸好当地有一位佛教领袖慧威法师，他很崇敬玄奘的辞理通达，更佩服他西行求法的大愿，便暗中派了两名心腹弟子——一个叫慧琳，一个叫道整，暗中护送奘师偷渡出关。他们不敢公然行走，只能昼伏夜行，走了十几天，终于到达瓜州（今甘肃省瓜州县）。

瓜州是偷越国境的关口，据《大慈恩寺三藏法师传》记载：玄奘于贞观三年九月、十月间抵达瓜州晋昌城，在当地询问西行路程。有人告诉他：从瓜州北行十多里有条葫芦河，下宽上狭，水涸波急，深不可渡。上面就是玉门关，是西去必由之路和咽喉要道。玉门关外向西北行，有五个烽火台，各相去百里。中间没有水草和人烟，过了这五个烽火台，就是著名的莫贺延碛戈壁，再过去就是伊吾国境。

就在玄奘为难之时，凉州的访牒又来了，说明捉拿意图西游的僧人，命令沿途各州县严密查访，务必解送京师。州史李昌是一名虔诚的佛教徒，他接到这件公文后，马上怀疑指名捉拿的人就是玄奘，立刻秘密带着公文前去拜访玄奘。当李昌听完玄奘西行求法的宏愿以后，感到非常钦佩和同情，就当着玄奘的面将公文撕毁，并一再叮咛他及早离开，以免节外生枝。李昌临走时，送给玄奘一匹马，又找了一位胡人石磐陀做向导，当天晚上就让他们出发了。

玄奘一行三更时到了葫芦河边，远远看见了玉门关。玉门关上游十多里的地方，葫芦河宽有丈余，旁边有梧桐树林。石磐陀砍了几棵树，搭在河上，铺草垫沙，让玄奘过了河。玄奘由此出了玉门关，但是玄奘还要面对另一个对手——关外的漫漫黄沙。

此时，玄奘所有的同伴至此均已离他而去，后来石磐陀也打了退堂鼓。石磐陀甚至以刀相逼胁迫玄奘返回，但法师矢志不移，石磐陀无奈，只得自己离去。临走时，他告诉玄奘，如果在沙漠中走了四天后，能够看到一小片绿洲，就说明走对了方向。走进戈壁深处的玄奘在喝水时，又不慎把皮囊的水全部洒掉了，没有了水的玄奘只得凭借着自己的信念坚持行走。其后的五天四夜，玄奘滴水未进，"几将殒绝"。玄奘经历了西行途中最为险恶的考验，最终依靠着顽强的信念和坚持，成功地穿越了"上无飞鸟，下无走兽"的莫贺延碛戈壁，到达了其西行途中的第二个起点——高昌。

在高昌国，玄奘受到了不同以往的极大礼遇。离开高昌后，玄奘到西突厥、阿富汗，南下巴基斯坦、北印度的佛教圣地——那烂陀寺。后来，他又游学天竺各地，著述立论，宣讲大乘。经过五年学习，玄奘获得了"大乘天"的"解脱天"的极高荣誉，被公认为五印度第一流学者。玄奘的威名从西域传回了大唐后，这位当年偷渡出国游学天竺的僧人，引起了上至皇帝下至百姓的莫大兴趣。

贞观十九年（645年）春正月，玄奘给唐太宗上书，说自己取得佛经回来了。当时唐太宗正在洛阳统领兵马准备征伐高丽，得知玄奘即将携带佛经、佛像回国，唐太宗便命令留守在长安的左仆射房玄龄迎接。房玄龄派遣右武侯大将军侯莫陈实、雍州司马李叔、长安令李乾佑奉迎。后来，玄奘受到了唐太宗的亲自召见。664年，玄奘由于积劳成疾病逝。

玄奘回国后，在19年之中翻译出了经论75部，总计1335卷。他还口述《大唐西域记》。该书是玄奘西行求法历时17年、行程5万里、经过100多个国家所写的游记，内容相当丰富，涉及中亚、西亚、南亚地区内许多国家的山川地形、城邑关防、交通道路、风土习俗、物产气候、语言文字、政治经济、文化宗教等各个方面，并有不少佛教传说。该书全书共12卷，约11万字，是我国古代的一部极为重要的地理著作。

贰陆 唐僧的头盖骨究竟隐藏何处

玄奘法师已经圆寂 1300 多年了，据传，他的头盖骨仍然存在世上。历经了千余年的历史风雨，他的头盖骨怎么还会保存至今？而且他的头盖骨究竟供奉在哪里？它经历了哪些鲜为人知的劫难呢？

唐僧，即玄奘法师，已经圆寂 1300 多年了。据传，唐僧的头盖骨仍然存在世上。那么，历经了千余年的历史风雨，唐僧的头盖骨怎么还会保存至今？而且唐僧的头盖骨究竟供奉在哪里？它经历了哪些鲜为人知的劫难呢？

627 年，玄奘只身离开长安，开始了他的西域之行。往返 17 年，行程 5 万里，从印度取回了经卷。回到大唐后，他又用了 19 年的时间潜心进行翻译工作，直到去世为止。在他死后，唐高宗把他的遗骨安葬在长安东郊，但由于唐高宗每次看到这座墓塔都感到十分悲伤，于是就把它迁到离城较远的少陵原上，并重新建造了一座五级方形砖塔，还以塔为中心在此地修了一座寺院。唐肃宗曾亲笔在塔额上题词"兴教"二字，所以这座寺院也称为兴教寺。这里环境清幽，风景雅致。

唐朝末年，大军阀朱温想要把政治中心迁移到自己的地盘洛阳城，于是下令把长安城内所有的建筑物都拆毁。就这样，历史名城长安被彻底毁灭了。在这次劫难中，兴教寺里的唐僧塔也未能幸免于难。在这次拆毁中，唐僧的遗骨暴露出来，被有心的僧人抢出来一部分，由大家分散保存，这才使这位高僧的遗骨没有在这个世界上彻底消失。

100 多年后，宋朝仁宗年间，南京天禧寺有位叫可政的和尚去陕西终南山紫阁寺，在这里他得到了唐僧的头盖骨，便迎回南京。他在天禧寺东岗建了一座石塔，把唐僧的头盖骨安葬在塔下。此消息传开后，人们又想起了这位高僧，于是前来朝拜的信徒络绎不绝。到了明朝时期，唐僧的遗骨被迁徙到天禧寺之南，并建了三藏塔供奉。明成祖永乐六年（1408 年），天禧寺毁于大火，明成祖再建大报恩寺，并继续供奉玄奘头盖骨。可是到了清朝末年，寺和塔一起被毁。那时，清政府风雨飘摇，内忧外患的国情弄得民不聊生，佛门清净之地也常遭炮火袭击，人们也渐渐忘记了唐僧遗骨的事情。到了 1937 年 12 月，南京被日寇占领。5 年多后，《申报》上突然登载了这样一则消息："日本高森部队于南京中华门外建筑稻垣神社时，发现报恩寺旧址内埋有玄奘法师遗骨及佛像铜匣等，并有宋天圣五年和明洪武十九年两部葬志。"这条消息震惊了海内外人士。唐僧的头盖骨落到了日本占领军稻田大佐手里，并且打算立即运到日本。南京市民读了《申报》，一时群情激愤，要求汪精卫"政府"出面干预此事。

而此时的日军局势也不容乐观，他们在太平洋战场上屡遭失败，开始走下坡路。汪精卫也为自己的前途担忧，很想利用此事来笼络佛教徒，于是与日军进行交涉。可是谈来说去，日本人也没有同意归还遗骨，而是勉强答应把头盖骨分为两半，一半掌握在日本人手里，另一半交给汪伪政府。汪精卫得到这半块头盖骨后，就在南京九华山上建了一座三藏塔，把半块头盖骨安葬在塔下。

根据文献记载，唐僧头盖骨在我国共有 6 份，分别供奉在全国 5 个城市。其中广州分得 1 份、天津 1 份、北京 1 份、南京 2 份，因成都是唐僧的受戒地，故分得 1 份。

南京分得的 2 份分别供奉在玄武湖和保存在南京博物馆。20 世纪 80 年代初，中山陵旁的灵谷寺开放，将保存在南京博物馆的头盖骨移至灵谷寺供奉。为了妥善保存头盖骨，寺方特别将头盖骨置于真空玻璃器皿中，外罩佛教协会赠送的十三层檐（楠）木塔。由于这座木塔原是北京广济寺供奉佛牙所用，所以又名佛牙塔。

1955 年，以郭沫若为团长的文化访问团出访印度，将天津的那份头盖骨送给了印度，至今供奉在印度那烂陀寺。日本私自留下的 1 份头盖骨，后来分成 3 份。在 1953 年秋天，由章嘉大师、印顺老法师及李天春居士向日本争取，其中 1 份才归至台湾日月潭修建的玄奘寺供奉。日本留下的 2 份分别供奉在奈良市的药师寺和琦玉县的慈恩院。

贰柒 鉴真和尚并没有失明吗

　　1200 余年来，鉴真的事迹在日本人民中，世世代代传为美谈，鉴真作为中日民间交流的使者，为中日佛教文化交流谱写了光辉的篇章。尽管如此，有些学者在研究了史料后，却对鉴真在第五次东渡过程中失明之事提出了质疑。

　　鉴真是我国唐代赴日传法的名僧，日本人称其为"过海大师""唐大和尚"。鉴真俗姓淳于，扬州江阳（今江苏省扬州）人。他父亲是一名虔诚的居士。14 岁那年，他随父亲去大云寺参拜。一见到慈悲的佛像，他就产生了禅悦之喜，便向父亲提出要皈依佛门。被他的诚心感动了的父亲，就将他托付给自己的师父智满法师。鉴真于 46 岁登上戒律大师的讲座，在江淮地区讲律传戒，被仰为东南戒律宗首、"江淮化主"。40 余年间，鉴真为俗人剃度，传授戒律，先后达 4 万余人，江淮间尊为授戒大师。在佛法戒律之外，他还广泛涉猎梵声音乐、佛寺建筑、雕塑绘画、草药医术、书法镂刻。漫长的修炼过程，造就了鉴真坚忍不拔的意志和卓越超群的人格。

当时的日本，佛教戒律不完备，僧人不能按照律仪受戒。733 年（日本天平五年），日本僧人荣睿、普照随遣唐使入唐，邀请高僧去传授戒律。他们访求 10 年，决定邀请鉴真。鉴真的弟子劝他不要去："到日本去，路途遥远，沧海森漫，百无一至……"鉴真说道："为了传扬佛法，何惜身命？"唐天宝元年（742 年），鉴真不顾弟子们劝阻，毅然应请，决心东渡。但是，由于地方官阻挠和海上风涛险恶，先后 4 次都未能成行。

748 年，鉴真又开始第五次东渡。由于船只误入海流，又遇狂风巨浪，鉴真一行在海上漂流了 14 天后抵达海南岛南部。鉴真一行过海到了广州，准备北返再次东渡。但由于劳累过度，日本僧人荣睿不幸病逝，鉴真的得力弟子祥彦也在途中死去。加上南方炎热，鉴真患了眼疾，医治无效而失明。

753 年，日本遣唐使藤原青河一行在回国时，特意在扬州拜谒鉴真，再次请他东渡。鉴真不顾高龄和双目失明，毅然决定随日本船

鉴真坐像

第六次东渡。一个多月后（754 年 2 月 4 日），在盛大隆重的欢迎下，鉴真进入奈良。这次东渡虽然终于取得成功，但他已年近七旬。日本天皇下诏慰劳，并授予鉴真传灯大法师之位，宣布"自今以后，授戒传律，一任和尚"。同年 4 月，鉴真初于东大寺卢舍那殿前立戒坛，登坛为日本圣武上皇、光明太后、孝谦天皇等授菩萨戒，不久又为沙弥澄修等 400 多人授戒。已受过戒的日僧灵福等 80 多人也纷纷舍旧戒，重新从鉴真受戒，日本佛教开始有了戒律。鉴真又在日本传戒、建寺、讲学、行医，生活了 10 个春秋，直至圆寂。

鉴真的事迹在日本人民中世世代代传为美谈，日本文化史学者甚至称他为文化的大恩人。弟子为他所塑干漆夹纻像，1200 余年来始终受到日本人民的景仰。1980 年，日本曾送这座塑像短期来华，成为中日友好关系史上的佳话和文化交流史上的一件大事。鉴真作为中日民间交流的使者，为中日佛教文化交流谱写出了光辉的篇章。尽管如此，有些学者在研究了史料后，却对鉴真在第五次东渡过程中失明之事提出了质疑。

著名历史学家陈垣就认为："鉴真和尚到日本后，晚年曾失明则或有之，谓鉴真和尚未到日本前已失明，则殊不可信。"（陈垣《鉴真和尚失明事质疑》）因为，鉴真失明一事，《宋高僧传·鉴真传》等书都没有任何记载，仅据日本人真人元开所撰写的《唐大和尚东征传》上的一句话作为孤证，论据并不充足。鉴真在日本，校正数百万言的经论而一字不差，对一个盲人来说是不可想象的。

而且《唐大和上东征传》所提供的那些导致双目失明的原因，往往涉及荣睿病死，鉴真悲痛得数日不进滴水；与普照分手，鉴真痛惜悲戚；祥彦病逝，鉴真抚体悲呼；还有诸如遭受暑热瘴气，毒火攻心等，这与鉴真这样的得道高僧的精神境界完全不相符。这些说法，将鉴真视为凡夫俗子，而非得道高僧。显然是"以凡夫之心，度高僧之腹"，所做出的分析结论，与得道高僧所修炼而成的精神境界相去甚远。因为鉴真作为虔诚的有着多年修行功夫的佛教徒，深知五蕴皆空，生死不二，对人的生死必然会有一种非常超脱的看法，怎么会因为生离死别而悲痛得数日不进滴水、痛惜悲戚、抚体悲呼，以至于毒火攻心、双目失明呢？而我们从前几次的失败之后所看到的那个表现出乐观精进、深信有佛菩萨保佑的百折不回精神的鉴真，怎么会在第五次失败后表现出那样一种不堪打击的沮丧情绪呢？

　　一些日本学者也认为，《唐大和上东征传》所说的"眼光暗昧"，是指鉴真患有老年性白内障，而不是双目失明，倒是有可能更为接近事实的真相。《鉴真奉请经卷状》这份鉴真的借条仿佛也为这种说法提供了佐证。757 年，鉴真为借经卷曾经向当时的奈良东大寺写了一张借条，这就是现存正仓院的《鉴真奉请经卷状》。借书条上的书法为唐人风格，值得注意的是，书法字迹端正整齐，并有涂改重写的地方，经过奈良国立博物馆的西山厚研究员检证，认为此文与中国所存鉴真相关文献出自同一人手笔。所以，日本研究人员认为，鉴真在东渡时可能还保有轻微的视力，能够自己书写重要文件，但不能很好地阅读了。

　　据此，也许鉴真得了老年性白内障，而非完全失明更符合历史的真相。无论鉴真是否彻底失明，日本的文献中，他在日期间从未有过哭泣的记载，而总是以最和善的微笑面对信徒。鉴真因为年高体弱，为了传扬佛法又不惜劳苦，终于在日本天平宝字七年（763 年），坐化于唐招提寺。根据日本方面的记载，当时鉴真双脚结跏趺坐，神态安详，死后三日，体温尤在，时人呼为真菩萨……

　　佛法云：大雄无畏，勇猛精进。这就是鉴真大师最好的写照。

唐代楼市崩盘为何没有救市

近几年来，楼市一直是人们关注的热点问题，因为它直接关系到老百姓的切身利益。而且又经常有所变化，这让大家对它总是有一种若即若离的感觉。据说，中国唐朝时期的房子就曾经从一平方米几百上千元跌到过几十元，那为什么强盛的唐王朝没有采取救市的措施呢？

中国大唐盛世近三百年，是世界公认的中国强盛的时代之一，而且大唐盛世之际的房价也是十分昂贵的。从《敦煌资料》中的记载就可以看出：唐宣宗大中十年（856年），敦煌居民沈都和因为急等钱用，卖掉了自家的房子。按照惯例，他跟买方签了一份房屋转让合同，合同上写道："慈惠乡百姓沈都和，断作舍物，每尺两硕五升，准地皮尺数。算著舍楼物二十九硕五斗陆升九合五圭干湿谷米。其舍及地当日交相分付讫。"意思就是说，沈都和这套房子按面积计价，每尺价值是小麦两硕五升。另外，房子里所有家具陈设也随房子一块儿出售，价值是小麦二十九硕五斗六升有余。

上面合同上写的"一尺"指的就是一平方尺，唐朝一尺有 0.3 米，一平方尺就是 0.09 平方米。"硕"是容量单位，跟"石"通用。唐朝一石有 59.4 公升，一斗是十分之一石，一升是百分之一石。按每公升小麦重 1.5 斤计算，唐朝一石小麦重约 90 斤，一斗小麦重 9 斤，一升小麦重 0.9 斤。所以"两硕五升"小麦重约 180 斤，按今天麦价 1.4 元一斤去买，需要 252 元。前面讲过"一尺"是 0.09 平方米，"每尺两硕五升"，说明每 0.09 平方米能卖 252 元，也就是每平方米大约能卖 2800 元。放在 1000 多年以前的敦煌，这房价是很高的了。

不过单凭这一个例子并不能说明当时敦煌的房价是居高不下的，我们还要找到一些其他佐证才能证明这些情况。据张传悉《中国历代契约会编考释》上的记载，在唐僖宗乾符二年（875 年），同样住在敦煌的另一名居民陈都知也卖掉了自己的祖房，换来了小麦"八百五硕五斗"，即 805.5 石。按每石价值 126 元计算，陈都知家的祖房可以卖上 101493 元。如果是这样的话，那么那块宅基到底会有多大呢？东西宽三丈九尺，南北长五丈七尺。唐朝三丈九尺折合今天是 11.8 米，五丈七尺折合今天是 17.2 米，假设陈都知的宅基形状比较规则，那么其面积就有 203 平方米。拿宅基总价除以宅基面积，可以得出这块宅基的单价，即每平方米约 500 元。考古报告显示，唐代时期敦煌民宅全是单层的，而且容积率很低，所以当地价高达 500 元一平方米的时候，有的房价在 1000 元一平方米以上的情况也是可以理解的。

但是还有人在一些唐代敦煌的雇佣文书上看到，在 9 世纪后期，不管是从事哪一行业的人，敦煌的平民月收入不会超过两石小麦，所以说让他们买一栋像样的房子是不可能的事情。

　　然而任何事情都是有转机的，这样高的房价并没有持续太长的时间，就有了一个回落，而且是以俯冲式一落到底，换句话说就是敦煌的"楼市"崩盘了。在《敦煌宝藏》中有这样的记录：唐昭宗乾宁四年（897年），敦煌居民张义全卖房，"东西一丈三尺五寸，南北二丈二尺五寸"，只卖了小麦"五十硕"。建筑面积28平方米，售价6300元，每平方米才卖225元。唐昭宗天复二年（902年），敦煌居民曹大行跟人换房，"东西三丈五尺，南北一丈二尺"的房子，仅估价"斛斗九石"。换言之，38平方米的房子，只能卖1134元，已经降到了约30元一平方米。

　　关于房价能从上千元一平方米突然降到几十元一平方米的原因，现在已是无据可查，但有一点可以肯定的是，当时的唐朝政府和敦煌政府并没有对楼市崩盘的现象给予一定的救助措施，据相关人员查证了《旧唐书》《新唐书》等几本相关书籍，并未从中发现唐朝中央政府曾经降低房贷利率和首付的记录，也没有找到敦煌地方政府曾经为购房者提供补贴的迹象。然而这样一个泱泱大国，在楼市崩盘的时候，政府部门竟然没有伸出援助之手，采取救市的措施。这到底是何原因呢？据分析，当时的唐朝政府之所以没有出来干预此事，并不是在为购房者着想，才允许房价下滑的，而是有其他原因。首先，是当时房地产行业在整个国民经济领域所占的比重非常小，无论这个行业是否兴旺，都不会影响国家财政。其次，当时的财政收入主要来自田赋和人头税，政府从来没有想过通过贩卖土地收取钱财，所以说房价暴涨也好，暴跌也罢，只是影响到了地价，并不影响政府的财政收入。基于这两点原因，唐朝政府对楼市崩盘的现象并没有给予相应的补救措施。

《推背图》究竟预测了什么

千古奇书《推背图》据传能推算出大唐以后中国2000多年的国运盛衰，自唐代以来，历代帝王都将此书一刻不离地放在枕边。《推背图》因为它预言的准确，使历朝历代的统治者胆战心惊，曾一度被列为禁书。如此神奇的一本《推背图》究竟讲的是什么呢？

《推背图》是中国历史上一部很有名气，同时也颇具争议的预言书，它预测的时间之长、准确性之高，堪称世界之首。相传此书是唐太宗年间著名的天象学家李淳风所著，以推算大唐国运为主。因李淳风某日夜观天象，得知武后将夺权之事，于是一时兴起，开始推算起来，没想到一发不可收拾，竟推算到唐以后中国2000多年的国运盛衰，直到袁天罡推他的背说道："天机不可再泄，还是回去休息吧！"《推背图》由此得名。但是此时的李淳风已经推算出60个卦象了，这便是我们今天看到的这部可以预言千年兴衰的千古奇书《推背图》。此书神秘玄奥，收藏者众多，版本也众多，一些学者也开始研究它的

预测方面的价值。

　　大多数人只是听说过《推背图》是一本预言方面的书籍，但此书究竟写的是什么，绝大多数人还是不知其所言。说起《推背图》，还是颇有一些神秘性的。全书有文字、图画、卦象、解说，称得上是中国古代一部标准的预言书，也是现在能见到的最完整的预言书。全书共有 60 象，每象设有一图，还有箴言诗一首、颂一首，分别作为注解。每幅图像的时间相距都不一样，有的相距数百年，有的间距几十年，而且都没有固定的顺序。但一般认为，太平盛世是没有图像的，兵戎相见的衰世倒是图像连连。在第 60 幅上，绘有两人一前一后，后者用手推前者的后背，颂曰："万万千千说不尽，不如推背去归休。"或许这才是《推背图》得名的缘由吧。

　　虽说《推背图》的版本众多，但是现在流传最广的应是清代金圣叹批注的 60 图像本。全书按天干地支排列出 60 花甲，在《推背图》的第 3 幅，也称为第 3 象，这幅图有"丙寅"的字样，接着便是八卦中的卦象。箴言诗表达得较为含蓄，但是结合"颂"的内容就可以很明了地表达出意思了。图中的女子手握一把刀，意是从武，然而从其头上的装饰可看出是帝王的装扮，隐含之意便是一女子称帝。在箴言诗中提到"日月当空""不文亦武"，很显然是指武则天。武则天出生于一个富裕的家庭，在 14 岁那年被选入宫，成为李世民的一个才人。太宗死后，李治继位，把身处感业寺的她接回宫中封为昭仪，后又册立为皇后。由于李治体弱多病，所以常把朝中之事交予皇后处理。在高宗死后，武则天也曾立过两个儿子当皇上，但仍然是大权在握。不久，她便自己当上了皇上，并改国号为"周"，诛杀了大批宗室大臣。这段真实的历史在《推背图》的预言中是有据可循的。"参透空王"，"重入帝王宫"，说的就是武则天削发为尼并两次进宫的经历，

"遗枝拨尽"说的就是诛杀宗室大臣，还有"喔喔晨鸡孰是雄"还巧妙地讽刺了她当帝王的举动。

而且在第 5 幅中也预言到了唐玄宗时期爆发的安史之乱和杨玉环葬于马嵬坡的事件。图上画的是一副马鞍，系指安禄山；还有一本史书，系指史思明；横躺在地上的妇人显然是杨玉环。箴言诗中用"杨花""木易""金环"来带指杨玉环。李隆基待到安禄山和史思明叛乱时才醒悟过来，但是中央军已经无法抵御叛军，只能节节败退。在退到陕西的马嵬驿时，众将士不肯移步，要杀死祸国殃民的杨国忠才肯继续前进，后又缢死杨玉环才肯罢休。这些事情在《推背图》中一一展示了出来，可见这是一本极其精确的预言书。

但是作为中国预言书的集大成者，《推背图》真的未卜先知吗？当然也存在着争议，有人对它深信不疑，推崇备至，相信预言的真实性；也有人认为它是一本蛊惑人心的歪理邪说。但是令人惊奇的是，人们在近年来对其进行了潜心研究后，发现有许多语言仍在继续准确地预测着历史的发展。关于《推背图》的是是非非，还有可能会继续争论下去吧。

叁拾 法门寺地宫深埋千年的秘密

几千年来，无论是史书上的记载还是民间的传说，都曾提到法门寺的千年秘密，即法门寺的地宫中藏着佛祖释迦牟尼的真身舍利。这到底是真的还是谣传呢？法门寺的地宫中真的埋藏有千年的秘密吗？

法门寺，是中国一座最富传奇色彩的寺院，是久负盛名的中国佛教圣地。法门寺位于中国西北部的陕西省扶风县城北 10 千米处的法门镇，这里是茫茫渭北的黄土高原，东距西安市 110 千米，西距宝鸡市 90 千米。寺院始建于东汉末年，距今约有 1700 多年历史，有"关中塔庙始祖"之称。法门寺的设计周密，布局得当，前后共 24 院，房屋数千间，和尚上万人。寺内殿舍楼阁，花草幽径，是一处秀丽的地方。

874 年 1 月 4 日，唐僖宗李儇按照佛教仪轨，最后一次送还佛骨，并连同佛指舍利及数千件稀世珍宝一同封入法门寺的塔下地宫里，用唐密曼荼罗结坛供养。因为唐朝的皇帝几乎全部信奉佛法，所以他们把佛祖舍利虔诚地供奉起来，正因为如此，法门寺成为皇家寺院及举世仰望的佛教圣地。供奉佛指舍利的佛塔，被誉为"护国真身宝塔"。

据史料记载，在宋代时期，法门寺的规模达到了鼎盛，它不但承袭了唐代皇家寺院的宏伟气魄，还彰显了宋代皇室的博爱胸怀。众所周知，宋徽宗是信奉并且极力推崇道教的，但是他却对法门寺情有独钟，而且在山门之上亲笔题词"皇帝佛国"4个大字。法门寺的兴盛一直持续到金元时期，在明清以后，法门寺就开始败落了。在1569年，历经数百年的唐代四级木塔终于承受不住时光的荏苒，轰然崩塌。10年后，杨禹臣等几位绅士怕佛祖的真身舍利无处供奉，于是决定出资修建佛塔，历经30年才修建完成。可是后来，法门寺又遭受到了前所未有的冲击，有人曾想挖开寺塔，挖掘佛骨等珍宝，当时的良卿法师以点火自焚的方式相抗议才保住了这万千珍宝免遭荼毒。

然而无论是民间传言还是史书记载，大家都没有见过这些稀世珍宝，也就只有把它当作一个美好的传说罢了。可是在1981年，这个美好的传说终于拉开了序幕。那年的8月24日，法门寺刚刚经历一场几年难遇的大暴雨。经过了暴雨的洗礼，法门寺内的佛塔中部出现了裂痕，佛塔的东北角大部分已经坍塌，西南边也出现了倾斜，似乎随时都会倒塌的样子，但还是神奇地矗立在寺院内。

面对着历经沧桑的千年古塔即将毁于一旦，专家组立即展开了反复讨论，最终有两个方案可供参考：一是把旧塔拆除后重新修建，二是保护剩下的半边塔。鉴于佛塔的珍贵性，专家们最终决定把残塔部分拆除掉，再进行修复工作。

就这样，一个埋藏了千余年的绝世秘密就在1987年4月3日这

北宋　赵佶　《听琴图》（局部）

一天重见天日了——在塔底发现了珍贵的"佛祖舍利"。考古学家们在拆除后的塔基处无意间发现了一块白玉石板，除去浮土，一尊雄狮浮雕逐渐露了出来。人们推开白玉石板，一个神秘的洞口赫然出现在考古人员的眼前。此时的考古队员们内心充满了兴奋与激动之情，他们小心翼翼地推开地宫的第一道门，一股霉气扑面迎来。门内是一条幽暗的隧道，墙壁都是用黑色大理石拼贴而成，因年代太久而现出一种特有的斑驳和沧桑之感，东侧墙上刻有文字。走到隧道的尽头，发现有两块石碑赫然屹立在那里，碑文上的字迹还是清晰可辨的。两块石碑上共刻有约 900 个字，一块是记事碑，一块是物账碑，从文字上的记载可知这是唐代最后一次迎送佛骨时留下的。在两块石碑被移开后又出现了一道石门，石门左右两边分别雕刻一尊精美的菩萨像。进门后，地面上有许多整齐的丝织品，虽然历经了千年岁月，那些丝织品还是那么精美光鲜。

神秘依然没有结束，考古人员又发现了第三道石门，门打开后，可看出门内是地宫的后室部分。在土层里，考古人员发现了一个密龛。密龛里藏着一个包裹，包裹里面又是一个铁函。这个沉甸甸的密龛里套着一重又一重的密龛，直到第七重，出现了一个镶满珍珠的金质宝函，宝函里面是一座宝珠顶小金塔。第八重是个纯金塔，打开后，金座子上有个像手指一样的银柱子，是玉制仿制佛指骨舍利。最后一层铁函打开了，里面有个被丝绸包裹的镏金函，镏金函里有个檀香木函，檀香木函里还有个水晶椁子，水晶椁子里还有一个玉棺，在玉棺里面，又出现了一枚佛骨舍利。这是一枚真正的佛骨舍利，是世间至高无上的圣物，也是唯一仅存的佛祖真身指骨舍利，被誉为是继秦始皇兵马俑之后的又一考古重大发现。

当然，在法门寺的地宫里除了发现舍利之外，还存有大量的丝绸珍品和数百件璀璨夺目的奇珍异宝，这为我国乃至世界的考古研究做出了重大的贡献。

敦煌藏经洞是为什么开凿的

当你站在洞窟门前，望着这小小的石室，定会思绪万千。里面曾经堆置的 5 万卷震惊中外学术界的经卷、遗书，是什么时候、什么人、由于何种原因存放的？又是何时将洞门封住，抹上泥皮，绘上了壁画？

位于古丝绸之路河西走廊的莫高窟诸多洞窟中，最为驰名的首推第 17 窟——藏经洞。敦煌藏经洞出土文献，始于十六国，终于五代宋初，历时近 7 个世纪，因而，敦煌的这些文献写本本身也是研究中国书法的活资料。而文献中除大量汉文文献外，还有相当数量的非汉文文献，如古藏文、回鹘文、于阗文、粟特文、龟兹文、梵文、突厥文等，这些多民族语言文献的发现，对研究古代西域中亚历史和中西文化交流有不可估量的作用。

谁也不会想到，这个藏满瑰宝的藏经洞竟是在无意中被发现的。清光绪二十六年五月二十六日，即 1900 年 6 月 22 日，这在中国数千年的文明发展史中原本是沧海一粟，一个瞬间而已，然而，正是这

唐　佚名　《英藏敦煌》

一天，一位道士的偶然之举，改变了莫高窟的命运。王圆，道号法真，湖北麻城人。1897年或1898年，他云游到敦煌莫高窟时，发现莫高窟前的木质栈道大都毁坏，堆积如山的流沙因长期无人清理而把最下层的许多洞窟给掩埋了。于是，他雇佣杨某帮其清理积沙。这天，杨某在休息抽烟之后，当他把点烟燃剩的芨芨草无聊地插进甬道北壁的裂缝时，芨芨草竟插不到底。杨某异常惊讶，用手敲了敲墙壁，感觉里面是空的，便立即报告了王道士。等到夜深人静之时，王、杨二人打开墙壁，去掉封泥，找到洞口，眼前的一切在烛光的照耀下令二人惊呆了：高约2米、宽约2.7米的洞窟里堆满了佛教经卷、社会文书、刺绣、绢画、纸画、法器等文物5万余件。震惊世界的敦煌藏经洞，就这样被王道士等人在无意间偶然发现了。

当你站在洞窟门前，望着这小小的石室，定会思绪万千。里面曾经堆置的 5 万余卷震惊中外学术界的经卷、遗书，是什么时候、什么人、由于何种原因存放的？何时将洞门封住，轻松地抹上泥皮，绘上了壁画？

敦煌学专家、学者钻进浩如烟海的敦煌遗书资料中仔细地查阅，却未找到解谜的文字记载，只好另辟蹊径，根据其他历史资料进行推断，提出了多种假说，试图解开这个千古之谜。主要说法有这样两种：有人认为洞中的文书是被敦煌各寺院集中在一起的废弃物，即所谓"废弃说"；还有人认为洞中的文书是为避免战乱而有目的地藏起来的，即所谓"避难说"。

主张"废弃说"的代表人物是斯坦因，他是第一个来掠取这批宝物的外国人。斯坦因是匈牙利人，当时在英国所属的印度政府供职。他是一位考古学家，在藏经洞未被发现之前，曾三次到中亚探险。当他得知敦煌发现古董时，于 1907 年来到了敦煌。几经周折，终于买通了王道士，他从中挑选了许多好的写本、绢画等，拉了满满 24 箱写本和 5 箱艺术品，经过长途跋涉，于 1909 年运到了英国伦敦，入藏伦敦大英博物馆。他对这批写本和绢画进行研究，认为这些经卷遗书都是当时敦煌僧众抛弃无用的废品。因佛经众多，为尊重佛法佛典，这些用过的经品既不能丢弃，也不能烧毁，只好用这个石室封存起来。而且藏经洞内没有整部大藏经和其他珍贵物品，大多是残卷断篇，夹有不少疑伪经，甚至还有不少错抄的废卷和涂鸦之杂写，乃至作废的文书与过时的契约等。在藏经洞封闭时，即曹宗寿当政时期（1002—1014），敦煌僧侣已向内地请求配齐了大藏经，并向朝廷乞求到一部金银字大藏经，还有锦帙包裹、金字题头的《大般若经》。整部大藏经没有被收藏，反而收藏的是残经破卷，正是因为这些东西在当时已经没有实用价值而被废弃了。

　　日本学者藤枝晃也主张"废弃说"，但他认为废弃的原因是随着中国印刷术的发明，印刷的佛经取代了卷轴装的佛经；图书馆的重新布置导致了原来的卷轴佛典遭到废弃，时间是在1002年以后不久。

　　主张"避难说"的代表人是法国人伯希和，他是一位汉学家，不仅精通汉语，还精通中亚的几种文字，当他得知敦煌莫高窟有古代写本的消息后，于1908年到了莫高窟。虽然洞内的宝物已被斯坦因洗劫了一部分，但他仍然从剩下的珍品中掠走了许多珍贵文物。伯希和根据他所掠取的文书，认为这些文物是为了避免当时的战乱而被封起来的。唐代发生了"安史之乱"以后，驻扎在敦煌的军队被调入内地平定叛乱，经卷和遗书被藏于石室中，是莫高窟的僧人为躲避战乱，使经卷遗书免于战火而存放的。

　　中国有的学者也主张避难说，但在具体封闭时间上又各不相同。最有代表性、较普遍的说法是，宋初西夏人占领敦煌之前，千佛洞下寺的僧人为躲避战乱，临走前便把经卷、佛像、杂书等藏入洞内封闭，待战乱过后再回来启用。谁知这些僧人一去不返，杳无音讯，此洞便成为无人知晓的秘密。

　　还有一种说法把封闭时间定为宋绍圣年间（1094—1098），认为藏经洞的封闭与伊斯兰教的东传有关。当时，信仰伊斯兰教的哈拉汗王朝向宋朝要求出兵攻打西夏，宋朝表示赞同。这一消息传到敦煌，佛教徒们惊慌失措，恐惧万分，便采取保护措施，将千佛洞的经卷、佛像、文书全部集中堆放进石室封闭，以免受其害。还有宋皇祐之后（1049年）说、曹氏封闭说、元初说、元明之际说等，均为逃避战乱说。

　　以上有关藏经洞的封闭原因，众说纷纭，莫衷一是，迄今仍无定论，有待进一步挖掘旁证资料，解开这一千古之谜。

沙和尚为何戴九颗骷髅项链

在电视剧《西游记》中，沙僧胸戴佛念珠，手握月牙铲，性格憨厚，忠心耿耿。但是，原著中的沙僧戴在脖子上的并不是佛念珠，而是用九颗人头骷髅穿起来的项链。那么，原著为什么将沙僧塑造成戴骷髅项链的形象呢？

《西游记》是吴承恩在长期流传于民间的唐僧西天取经故事基础上写出的长篇神话小说，在小说中，作者塑造了唐三藏、孙悟空、猪八戒、沙僧等生动鲜活的形象。在风靡全国的电视剧《西游记》中，沙僧胸戴佛念珠，手握月牙铲，性格憨厚，忠心耿耿，既不像孙悟空那么叛逆，也不像猪八戒那样色心不改，自他放弃妖怪的身份起，就一心跟着唐僧，正直无私，任劳任怨，从不左顾右盼，谨守佛门戒律。但是，原著中的沙僧戴在脖子上的并不是佛念珠，而是用九颗人头骷髅穿起来的项链。那么，原著为什么将沙僧塑造成戴骷髅项链的形象呢？

吴承恩在《西游记》中记载了沙僧的"履历"：他法名悟净，人称沙和尚，原是天宫玉帝的卷帘大将，因打破了琉璃盏，触犯天条，被贬出天界，在人间流沙河兴风作浪。他使用的兵器是一柄降妖杖，武艺高强，不畏强敌，懂得地煞十八般变化。经南海观世音菩萨点化，他拜唐僧为师，与孙悟空、猪八戒一起保护唐僧西天取经。因他最后拜唐僧为师，只好负责挑担。他身上有两件宝，一件是菩萨葫芦，一件是九颗骷髅串成的项圈。后来，他用九颗骷髅作为九宫，把菩萨葫芦安放在其中，成为法船，稳似轻舟，顺利地帮助师徒四人渡河西去。沙和尚在保护唐僧西天取经路上，任劳任怨，忠心不二，取经后被封为金身罗汉。

有专家认为，沙和尚脖子下挂着的骷髅，是他生吃活人的见证，也是他炫耀战功的方式。《西游记》第八回，沙和尚被观世音菩萨降伏，情愿皈依正果，主动讲道："我在此间吃人无数，向来有几次取经人来，都被我吃了。凡吃的人头，抛落流沙，竟沉水底。这个水，鹅毛也不能浮。唯有九个取经人的骷髅，浮在水面，再不能沉。我以为异物，将索儿穿在一处，闲时拿来玩耍。"如此说来，将骷髅头挂在项上成了沙僧炫耀战功的资本。

沙僧用骷髅炫耀战功并不是作者的杜撰，而是有着现实的历史依据。从原始社会开始，由于各个地域中人们宗教信仰的差异，导致了对尸体的处理方法的差别。在对死者头颅的处置问题上，也是和信仰观念有观。人类社会中部落、民族间的战斗中出现的获取首级的行为，是因为在古人的观念中，人的灵魂藏在头颅之中，将敌人头颅割下对敌人的灵魂进行危害。

首级作为战利品，现在看来是一件残酷的事情，而在古时的胜利者却是引以为傲的。如《山海经》中的刑天，就是一位被砍了头的英雄。《史记》卷八十三《鲁仲连邹阳列传》中有"彼秦者，弃礼义而

元　王振鹏　《唐僧取经图册·流沙河降沙和尚》

上首功之国也……”的记载。谯周于此议论说：“秦用卫鞅计、制爵二十等，以战获首级者，计而受爵，是以秦人每战胜，老弱妇人皆死，计功赏至数万，天下谓之‘上首功之国’，皆以恶之也。”《后汉书》卷七十六《夷列传》中关于磐瓠建国的传说也说明掠取敌人首级的做法是比较普遍的，“昔高辛氏有大戎之寇，帝患其侵暴而征伐不克，乃访募天下，有能得犬戎之将吴将军头者，购黄金千镒，邑万家，又妻以少女，时帝有畜狗，其毛五采，名曰磐瓠，下令之后，磐瓠遂衔人头造阙下，群臣怪而诊之，乃吴将军首也。"中原和犬戎的争斗中有获其首级赏黄金千镒、封邑万家并委以少女的重赏做法。根据史书记载，直到汉代，还保留着以斩获敌人首级的多少作为军人论功行赏凭据的制度。蔡琰《悲愤诗》中"马边悬男头，马后载妇女"的诗句，也是北方少数民族以人头炫耀战功的真实记录。

实际上，吴承恩关于沙僧所戴骷髅项链描写，不仅仅是为了描述沙僧的战功，还有着很深的佛教渊源。在佛教密宗中，金刚、明王、护法神等神佛造像大都有骷髅装饰品，有的戴骷髅冠，有的戴骷髅璎珞（项链）。例如，怖畏金刚身佩 50 颗鲜人头，遍体挂人骨珠串。据说神灵们佩带可怖的骷髅是为了震慑邪恶势力，同时象征那些已经被他们征服了的恶魔。

按《大唐三藏取经诗话》和元杂剧《西游记》中的说法，沙僧的原型深沙神脖子上那串骷髅是三藏法师的前身，据说唐僧曾两度被深沙神吃掉。由于沙和尚项上的骷髅是唐僧的前身，而唐僧是佛祖如来弟子金蝉子转世、十世修行的罗汉，吃他一块肉便可长生不老，他的骷髅更是威力无比了。于是，《西游记》第二十二回记载，沙僧皈依之后，遵照菩萨的指令，取下脖子上挂的九颗骷髅，用绳子一穿，又把观世音菩萨的红葫芦拴在当中，放在河里，骷髅和红葫芦立刻变成一只小船，将唐僧等人载过河。到了岸上，木叉行者收起了红葫芦，那些骷髅立刻化成九股阴风，一会儿就不见了。流沙河是鹅毛都浮不起来的弱水，但将唐僧前身的头骨摆成九宫形状，再加上菩萨的宝葫芦居中，就可以顺利渡过弱水了。

唐玄宗开元年间，"三大士"（善无畏、金刚智、不空）先后翻译了已经在印度本土发展起来的佛教密宗经典，并在各地建曼荼罗坛场，佛教密宗在我国传播开来。《西游中》中沙僧形象的前身——密宗护法神深沙神信仰，就是在这样的背景下兴起的。据佛典记载，深沙与俘丘本是两个恶鬼的名字，到唐朝时合而为一，成为佛教密宗的护法神。839 年，日本和尚常晓将中土的深沙神王像带到了日本。他带去的深沙神像就身挂骷髅装饰品。

从中唐到宋，内地的深沙神信仰十分兴盛，这从一些禅宗语录中也看得出来。到了元代初，统治者虽然对密宗也信奉，但对骷髅装饰却逐渐心怀不悦。到了明代，汉人更不愿让一个已经皈依正果的僧人始终挂着令人恐怖的死人头骨装饰品。所以，在许多人看来，沙和尚脖子上应当换成一串念经咒时计数用的念珠了，而沙僧也真的成为现在我们熟悉的慈眉善目、和蔼可亲的和尚形象了。

和尚头上的戒疤是怎么来的

戒疤又称香疤，指佛教徒为求受清净戒体而燃香于身上所遗留的疤痕。为什么出家人头上以前会有戒疤呢？戒疤又是什么时候开始有的呢？

戒疤又称香疤，指佛教徒为求受清净戒体而燃香于身上所遗留的疤痕。众所周知，佛教中有剃度制度，即凡是出家当和尚或尼姑的人都要剃光头发。实际上，从东汉开始传，入我国的汉传佛教在以后的发展中，除了剃度仪式外，还有"清心"仪式。即入寺后，经过一段时间的学习，成绩优秀者，老和尚会用线香为他们点上僧侣生涯的第一颗戒疤，称之为"清心"。然后在接下来的一两年内，如果表现良好，则有资格得到第二个戒疤，名为"乐福"。一般而言，如果顺利的话，庙里一些年长的老和尚大多可以拥有五六个戒疤；而像少林寺等重要寺庙的住持，则是有八或九个戒疤的"高级和尚"或是"特级和尚"。而第十个戒疤却不是一般和尚所能拥有的，除了达摩祖师、六祖禅师以外。在中国，十个戒疤的"首席和尚"不超过五个。

为什么出家人头上以前会有戒疤呢？戒疤又是从什么时候开始有的呢？关于其起源，依谈玄《中国和尚受戒·香疤考证》所述，相传始于元世祖至元二十五年（1288年）。沙门志德住持金陵天禧寺时，受到元世祖的尊崇，他传戒时，规定受戒者每人燃香于头顶，受沙弥戒的燃三柱香，受比丘戒的燃十二柱香，作为终身之誓。这样一个小小的规定，后来居然悄悄地流传开来，并且世代传袭下来，逐渐演变成惯例。后世中国佛教徒往往以此表示自己的信心，出家众之烧戒疤更成为是否受戒的辨识方式。然而这并非佛教的原创制度，而是为中国所独有，并未见于其他国家。

还有一种说法是，宋末，蒙古军队一路南征，所到之处青壮年男子要么被屠杀，要么被强征服劳役，但是蒙古军队对出家的僧人却从不为难，盖因当时蒙古上层推崇佛教。因此汉地青壮年纷纷剃发穿起袈裟，扮作出家人以躲避刀兵劫。出家人陡然增加，令蒙古军队无法分辨真伪，因此蒙古统治者以烧戒疤来区分是否是出家人，而且烧了戒疤以后是不允许还俗的。因为烧戒疤要忍受剧烈的疼痛，而且日后无法还俗，因此很多人不得不放弃假出家这种方式。从元朝以后，一直到中国佛教协会废止烧戒疤止，戒疤成为汉传佛教的一个特色。

当然，也有人认为中国和尚烧戒始于南朝梁代的梁武帝。梁武帝是个狂热的佛教徒，他曾三次舍身佛寺当和尚，又三次被大臣用重金从寺庙赎回。当时，他大赦天下死囚，令其信佛当和尚，但又怕他们逃出寺院，重新犯罪，就以黥刑（在脸面刺字的一种刑法）为范本，在头上烧上戒疤以便随时识别，加以捕获，此即中国佛教徒烧戒的开始。后来，烧戒被认为是入佛门苦修的开始，逐渐适用于所有的和尚，并一直延续至今，成为世俗人眼中和尚的标识之一。

实际上，烧戒疤与舍身供养的佛家思想密切相关，《梵网经》

明　丁云鹏　《达摩图》

四十八轻戒之第十六条说："若烧身、烧臂、烧指；若不烧身、臂、指供养诸佛，非出家菩萨。"《楞严经》卷六说："其有比丘发心决定修三摩地，能于如来形象之前，身燃一灯，烧一指，及于身上爇一香炷，我说是人无始宿债一时酬毕。"又《法华经》第二十三品《药王菩萨本事品》中说："有一切众生喜见菩萨烧身、烧臂供养诸佛。"从这几段经文的内容，说明了原来烧身有二重意义：一是用以表伸至高无上的供养；二是为了消除业障。至于燃烧的位置，则不局限于头顶，身、臂、指都是可以的。

　　1939 年，普利普·摩勒曾在南京、浙江间的宝华山隆昌寺见到了和尚受戒的全过程，并在他所著的《中国佛教寺院》(*Chinese Buddlist Monasteries*) 一书中对于如何烧戒疤做了详尽的记录："沙弥将祈祷毯紧紧裹在颈项上，手拿着在前项典礼领得的小红袋。袋里装着十二到十四颗用艾草制作成的黑色小粒艾绒，每颗约一公分高。沙弥面前站着主事和尚中的一位，他把用龙眼干做成的腊，涂在左手拇指上。从递来的小红袋中取出易燃的艾绒后，这位和尚将腊涂在艾绒底部，再一个个放置在沙弥头皮上点有小圈的部位。接着，他拿起纸捻迅速点燃十二粒艾绒。他一个人，或者再加上一位站在沙弥（现在跪着）身后的助手，用手紧按着沙弥的头，使头部固定不动。由于灼痛，沙弥必定会发出不由自主的动作，这时艾绒可能翻滚，烙疤在错处，因此这道程序以及在颈上裹毯都是必要的。在准备阶段，以及艾绒点着、燃烧时，沙弥及助理和尚不停地念着南无本师释迦牟尼佛——或阿弥陀佛。当十二个炽燃的小点逐渐接近头皮时，我们几乎可以根据念佛的节奏，衡量痛楚的程度。佛号在沙弥口中越来越快地重复，音调也逐渐上扬，最后——通常是火烧着头皮的刹那——在痛喊声中停止，艾绒燃烧一分钟左右。"

　　烙疤不仅会给受戒者带来疼痛，如果不采取预防措施，还会引起视力与视觉系统的损伤。烙疤后睡觉，也会引起短暂的血液中毒以及视力减弱或失明、头肿胀等。为帮助沙弥保持清醒，寺院会允许他们随心所欲地漫游全寺各个角落，见见人，到客堂、方丈室等，利用天生的好奇心帮助他们保持清醒。

　　由于烧戒疤会带来严重的身体损伤，1983 年 12 月，中国佛教协会理事扩大会议作出了《关于汉族佛教寺庙剃度传戒问题的决议》。该决议中说：受戒时在受戒人头顶烧戒疤的做法"并非佛教原有的仪制，因有损身体健康，今后一律废止"。从此以后，新受戒的汉族僧人，头顶上再也不会有戒疤了。

叁 肆 花蕊夫人香消玉殒之谜

花蕊夫人的死是一个难以解开的谜团，无论是在历史学界还是民间传说之中都有不同的版本。有的人认为，她是被赵匡胤的弟弟赵光义射杀而死；有的人认为，她是被宋皇后毒杀身亡；还有的人认为，她是失宠后忧郁过度而死。那么，花蕊夫人究竟是怎样死的呢？

花蕊夫人是中国历史上少数几个才貌俱佳的女性之一。她倾国倾城的容颜，曾经使陈后主孟昶和宋太祖赵匡胤心甘情愿拜倒在她的石榴裙下；她即兴而发的文学天赋，令不可一世的宋太祖叹为观止。据史料记载，在她刚被俘入宫之后，宋太祖想考验她究竟是不是像传言中的那般具有才气，于是命她即兴作诗。花蕊夫人沉思几秒钟后，吟出了"君王城上竖降旗，妾在深宫哪得知？十四万军齐解甲，更无一个是男儿"的名篇。

然而，史书中只对花蕊夫人的才貌做出了简要的描述，并没有关于她死亡的详细记载。现在我们所能找到的关于花蕊夫人死亡的资料，只能从野史的笔记中找到一点零星的记载，并且这种记载的可靠性究竟如何还很难说。

最早做出关于花蕊夫人死亡的详细记载，当属北宋中期邵博的《闻见近录》，他在《闻见近录》中记载了一个故事，故事的情节大致如下：赵匡胤将花蕊夫人纳入宫中之后，其弟弟赵光义为了防止哥哥沉迷于美色，便想杀掉花蕊夫人以绝后患，但是找不到合适的借口。一日，赵匡胤率亲王和后宫宴射于后苑，众宫女和旁边的近臣都喝得很开心，唯独其弟弟赵光义滴酒不沾，于是赵匡胤便举起酒杯劝弟弟喝几杯。赵光义此时向赵匡胤提出了一个条件，要求赵匡胤让花蕊夫人给他折枝花来便饮酒。按照弟弟的要求，赵匡胤命花蕊夫人去折花。在她折花之时，赵光义便引弓将其射死，随后流泪抱着赵匡胤的腿请求他的原谅，并一再说作为君王要以社稷为重，切不可贪念女色。既然爱妃已死，赵匡胤也不想在这件事情上纠缠，便原谅了赵光义。

随后，到了北宋末年，野史《铁围山丛谈》也有了关于花蕊夫人死亡原因的详细记载。这次的记载与《闻见近录》中的情节几乎一模一样，只不过将"赵匡胤率亲王和后宫宴射于后苑"改成了"赵匡胤率花蕊夫人等从猎于后苑"而已。

如果上述记载属实的话，那么赵光义还是一个能够以社稷为重的铁血男儿。然而，事实果真如此吗？从赵光义后来对南唐李煜小周后的贪婪和强占，足以证明他是一个十足的好色之徒。品行如此低下之人，怎配得上"铁血男儿"四个字，又有何资格用杀死花蕊夫人的"义举"彰显他只要江山不要美人的胸怀？既然赵光义射杀花蕊夫人并非为了江山社稷着想，就只可能有一种解释：赵光义本人也非常喜欢花蕊夫人，想占有她。但是花蕊夫人的入宫，意味着赵光义企图占

宋 佚名 《太宗立像》

有她的愿望彻底破灭，由于赵光义经受不住这种内心的煎熬，于是便采取了这种杀掉花蕊夫人的卑劣手段来使自己获得解脱。

除了以上两种说法之外，关于花蕊夫人的死，在蔡东藩的《宋史演义》和李逸候的《宋宫十八朝演义》中都有记载。蔡东藩在他的《宋史演义》第九回说花蕊夫人是一个天生的尤物，不但工颦解媚，并且善绘能诗，因此深得赵匡胤的喜欢。为了得到花蕊夫人，赵匡胤将其丈夫孟昶毒死，随后将其接入后宫。但是没过多久，赵匡胤又迷恋上了出身名门的宋氏，并将宋氏册立为皇后，这给花蕊夫人的精神带来了沉重的打击。亡国的痛苦加上失宠于皇帝，花蕊夫人忧郁成疾，很快便玉殒香消。李逸候在他的《宋宫十八朝演义》中所描述的花蕊夫人死亡的情节与《宋史演义》有所不同，在《宋宫十八朝演义》中，明确记载着花蕊夫人是被宋皇后毒死的。

后两种观点都认为花蕊夫人之死只与宋皇后有关，而和赵光义毫无瓜葛，这与《闻见近录》的记载完全不同。实际上，后两种观点的可信度是比较低的。即便花蕊夫人真如上所说受到了宋太祖赵匡胤的冷落，也断不会郁郁而终，一来她已经经历了亡夫之痛，不可能会由于受到冷落而郁郁寡欢；二来她根本不喜欢赵匡胤，即便被冷落，也不会受到沉重的打击。至于《宋宫十八朝演义》中记载花蕊夫人是被宋皇后所毒杀，更不可能。宋皇后性格温顺而又善良，再加上已经被封为皇后，花蕊夫人也没有威胁到她的皇后地位，根本没有毒杀花蕊夫人的理由。因此，花蕊夫人很有可能是被赵光义所杀。

叁伍 与杨家将同留史册的萧太后

        杨家将在中国历史上家喻户晓、妇孺皆知，而同一时期的辽国萧太后的故事却鲜有人关注，甚至有人认为萧太后是杀人不眨眼的恶魔。其实，萧太后并非如大家所想象的那样。那么，真实的萧太后是怎样的一位人物呢？

    在与南方的北宋王朝相对峙的北方辽朝之中，萧氏在政治上占据着十分重要的地位，因为耶律氏自从建立辽朝以来，便有一个与萧氏家族联姻的传统，所以辽朝皇后多为萧氏家族的人。一般史料上所记载的萧太后，就是指辽景宗耶律贤的妻子萧燕燕。萧燕燕名萧绰，辽北院枢密使兼北府宰相萧思温之女。萧燕燕原本是萧氏家族中一位温柔体贴、善解人意，而且极其精明能干的巾帼豪杰，嫁入皇室以后，更为她施展才华和实现抱负提供了一个很好的平台。

    尽管在汉族的皇室中一直有着男尊女卑的传统，但是北方的少数民族却并不歧视女性，这为萧燕燕青史留名创造了良好的外部环境；再加上当时辽景宗继位时，面对混乱的局面，尽管想励精图治，大干一番事业，但由于自幼身体不好，军国大事除了依靠蕃汉大臣之外，更重要的是依靠萧燕燕，这为她登上辽国的政治舞台创造了便利条件。982年，继位刚几年的辽景宗便抛下年仅30岁的萧燕燕和11岁的儿子（也就是后来的辽圣宗）离开了人世，临终颁下了军国大事听皇后命的遗诏。次年，辽圣宗即位，萧燕燕被尊为皇太后，摄政。983年6月，辽圣宗率群臣给萧燕燕奉尊号为"承天皇太后"。萧燕燕以承天皇太后的身份总摄军国大政，就此便开始了辽代历史上著名的"承天后摄政"时期。尽管从被封为皇后之时起，萧太后便开始了其长达13年辅助辽景宗治理国家的生涯，但是辽景宗的死，意味着她不再是以辅政的身份，而是直接以统治者的身份登上辽国的历史舞台。在这种内忧外患的政治环境下，精明能干的她也产生了一种恐惧感。一方面，内政还不是很稳定，也就是皇帝的统治地位还并没有确立起来，因为萧太后没有兄弟，所以没有外戚力量可借助，而此时诸王宗室近百人都拥兵掌权，可谓个个虎视眈眈；另一方面，南方的北宋王朝尽管腐朽不堪，但是瘦死的骆驼比马大，其军事实力仍然不可小觑。面对这种局面，她想到了一个人，也就是后来给辽朝建立了不朽功业的将领韩德让。

韩德让与萧太后的关系远非一般的君臣关系可比，早在萧太后只有14岁之时，双方便已经确定了婚姻关系，但是在结婚之前，萧太后却被辽景宗选为妃子，于是这段准婚姻关系被迫中断。辽景宗的死给萧太后和韩德让的结合创造了条件，经过一番认真的思考，萧太后决定改嫁给韩德让。她心里很清楚，只有借助韩德让的军事才能和军事实力，她才有可能控制住这种复杂的局面。于是，她派人鸩杀了韩德让的妻子李氏。从此之后，韩德让就无所避讳不间断地出入于萧燕燕的帐幕之中，过着事实上的夫妻生活，辽圣宗对韩德让也以父事之。在韩德让的忠心辅佐下，萧太后终于控制了局面。随后，她励精图治，采取了一系列整顿和改革措施。文化上，她任用汉人，沿用汉族的科举考试，通过这种途径选举官员；农业上，积极减轻农民的税收负担，鼓励农民垦荒耕种；军事上，严明军纪，赏罚分明。通过这一系列的改革措施，辽国迅速发展壮大起来。1004 年，萧太后发兵南下，辽军避实击虚，绕过宋军固守的城邑，长驱直进。同年十一月，辽军顺利抵达黄河之滨的重镇澶州（今河南省濮阳市），直接威胁北宋的都城东京。最终，在以丞相寇准为首的抵抗派的英勇抗击下，辽灭亡北宋的企图没有得逞，但是其与北宋签订"澶渊之盟"，每年可以从北宋政府无偿获得几十万两白银。

　　自从这次战争之后，萧太后无论是在辽国还是北宋王朝之中的影响力都得到了极大的提升。统合二十七年（1009 年）十一月，萧太后将权力交还给辽圣宗，结束了她长达几十年的摄政生涯。同年十二月，萧太后因病身亡，她光辉的一生画上了一个圆满的句号。

叁陆 宋仁宗"龙种"身份为何被怀疑

在中国历史上，皇帝身份被后人怀疑的事情并不少见，先有秦始皇的皇室血统纯正与否被后世史学家们传得沸沸扬扬，后有唐太宗李世民的汉族血统遭到考古学家的质疑，随之而来的是宋仁宗的"龙种"身份遭到史学家们的挑战。宋仁宗的"龙种"身份究竟是怎么一回事呢？

1022年，宋真宗之子赵祯登基称帝，成为宋代历史上第5位皇帝，是为宋仁宗。即位初期，由于宋仁宗尚且年幼，故而由刘太后垂帘听政。1033年，刘太后死，宋仁宗正式亲政，开始了他长达30多年的统治生涯。在史料记载中，宋仁宗尽管并非是一位很有作为的皇帝，但是亦绝非平庸无能之辈，故而无论是史料对他的记载还是民间对于他的传说，都相对较多。在所有关于宋仁宗的故事之中，最为令人震惊的当属他的身世，经典京剧《狸猫换太子》是民间对宋仁宗身世怀疑最为集中的体现。在《狸猫换太子》这部京剧之中，主人公的传奇经历几乎家喻户晓，妇孺皆知。该京剧讲述的是历史上有名的公正无私的包拯为一位双目失明的老妇昭雪申冤的故事。在老妇人向包拯哭诉了自己鲜为人知的悲惨而又离奇的身世之后，经过仔细地推敲，包拯认定她就是当今圣上宋仁宗的亲生母亲李娘娘。于是他立刻回京查访当年还在世的老宫女，终于明白了事情的来龙去脉。虽然当时这位李娘娘只是宋仁宗的父亲宋真宗后宫一位小小的宫女，可是她长得非常漂亮，并且又很有才华，深得宋真宗的喜爱。宋真宗先是封她做才人，随后又提升她为婉仪，并且还使她有了身孕。在后宫这个为争宠而不择手段的地方，李娘娘非常清楚，要想占有一席之地就必须要生下儿子，于是她每天想着自己生下的是儿子而不是女儿。在得知李娘娘生了儿子之后，当时的刘德妃，也就是后来的刘皇后异常嫉妒，于是她便买通了接生婆，用一只剥了皮的狸猫换走了刚刚出生的赵祯。后果可想而知，待到宋真宗下朝来见到摆在他面前的竟然是一个血淋淋的怪物之时，他不分青红皂白，立刻将李娘娘打入冷宫。李娘娘在被打入冷宫之后，知道刘皇后肯定会对她杀人灭口，于是便在一位好心的宫女帮助下逃出了深宫，从此躲到了一处破窑里，隐姓埋名，孤苦伶仃地生活了 20 年，期盼着有一天能骨肉团聚。在知道了事情的来龙去脉之后，包拯经过一番努力，终于使这桩几十年前的冤案真相大白于天下，刘皇后也遭到了应有的惩罚。李娘娘终于与宋仁宗相认，结局十分圆满。

尽管《狸猫换太子》这部京剧的结局十分完美，可是它究竟纯属伪造还是确有其事呢？事实上，任何一部有关皇帝身世的京剧都并非空穴来风，总能在史料或者野史、民间传说中找到其原始材料。有关李娘娘这个人物的故事确实在正规史料之中有记载，并且她也是宋仁宗的生母，但是在这些史料中记载的宋仁宗即位之初并不知道自己的真实身世，他一直以为自己是刘皇后所生。待到他明确得知自己的真

南宋　佚名　《宋真宗后坐像》刘皇后像　　宋　佚名　《仁宗坐像》

实身份之时，已经是做皇帝十几年以后的事情了。但是，在这些诸如《宋史》和毕沅编的《续资治通鉴》之类的正规史料中并没有关于刘皇后用狸猫来换太子的记载。在稍微正规的史料中，唯一有关于"狸猫换太子"这一故事记载的是清代石玉昆编撰的《三侠五义》。在《三侠五义》中，狸猫换太子的记载与京剧《狸猫换太子》如出一辙，故事情节也大致相同。由此可以看出，京剧《狸猫换太子》就是按照《三侠五义》中的记载来设置剧情的。除了《三侠五义》之外，在其他众多的野史之中，有关"狸猫换太子"的故事更是被描述得神乎其神。

尽管《三侠五义》有一定的史料参考价值，但是它并不能摆脱作为一部野史的局限，为了吸引读者的眼球，像其他为数众多的野史一样在立足史实的基础上再稍微伪造一点情节，并非绝对没有可能。毕竟，这些野史所记载的史实与传统正规史料相比，还是有一定差距的。宋仁宗的身份之所以演变成"狸猫换太子"的故事在民间广为流传，很大部分原因都是归于这些野史的记载，而在野史上的记载与正规史料记载相冲突之时，对于一些普通的民众而言，当然会选择能够引起好奇心的野史。因此，宋仁宗究竟是否是经过"调包"的皇帝，我们还很难给出明确的结论，但是关于"狸猫换太子"的故事纯属好事者的虚构，却是不争的事实。

古代有什么样的"征兵制"

秦朝、西汉时期的征兵制与唐朝改良后的府兵制都被视为该朝代强盛的主要原因。另外，东汉、宋朝、清朝等朝代的募兵制度，则被视为该阶段国力不振的主因。那么，中国古代的征兵制是什么样的，竟然与国家的盛衰有着这么大的牵连？

中国古代的统治者非常重视军事，但是军事制度也必须要解决兵源的问题，所以自然而然就会到民间去征兵，也就逐渐形成了固有的征兵制。征兵制在我国古代是广泛存在的，而且几乎每一个朝代都会有这种制度，但是比较明显的还是战国时期、秦朝、汉朝和三国时期。

在上古时期，部落之间的战争是永无止境的，所以那个时候是全民统一作战。西周建立以后，正式组建了六军和八师的队伍，但是六军和八师基本上还是沿袭部落兵制的痕迹，所以还没有形成更加正规的征兵制度。

到了战国时期，由于战争的规模不断扩大，作战双方的官兵达到了十几万甚至几十万人。而且战争的时间也比较长，次数频繁且间隔较短，再加上从奴隶制度向封建制度的过渡逐渐形成，原来那些基本上不作为兵源的奴隶也成了农民，成了兵源，如此一来，大规模的征兵制度形成了。各国一般以郡县为单位征集兵员。男子服兵役的年龄大约为15—60岁。长平之战中，秦王为了取得这一决定性战役的胜利，亲自赶到河内郡，征发所有成年男子支持前线。秦国征集河内15岁以上的男丁全去前线，赵国也"悉其土民"去长平前线。楚昭王对齐国使者说："悉五尺之六十。"意思是楚国将动员全国力量与齐国对抗。"五尺"指15岁上下的少年，这也是战时紧急征兵的做法。平时各国登记户籍，男子成年后得应征入伍。秦国规定凡17岁男子须向官府登记，称为"傅"。傅籍后，从23岁起，守卫京师一年，称"正卒"；守卫边防一年，称"戍卒"。据《睡虎地秦墓竹简》上记载，实际上男子15岁就为傅籍，以后随时有被征调入伍的可能。秦统一六国以后，秦始皇又征发大量的人力守长城，征河套、岭南等地。这样繁重的征兵制给秦朝人民带来了痛苦的经历，而且过重的兵役也是秦朝灭亡的主要原因之一。这一时期的征兵在很大程度上还带有临时性，制度化的普遍兵役制度还没有建立。

汉代时期，开始采用郡县征兵制。凡是本国公民都必须承担当兵的义务，成立京师部队（中央军），分为郎官、南军和北军三种，另外还有城门屯军、羽林、期门等编制较小的部队。郡国兵（地方兵），分为轻车、骑士、材官、楼船等。郡国兵平时训练，维持地方治安，战时听从中央征调。凡23—65岁的男子服兵役，役期为两年，一年留在地方充当卫士，一年为材官（步兵）、骑士（骑兵），此外还要卫戍边关三日（可用钱三百代替）。但是这种兵制的复员制度还是不够健全，所以有了汉乐府中所说的"十五从军征，八十始得归"的现象。

　　三国时期，由于战争频繁，征兵的数量就更大了，如曹操曾经一次"收青州黄巾百万，择其精壮三十万号为青州兵"；吴国还迫使山越人出山为兵，见于史书上记载的就有十几万。任何一种制度都有它的优缺点，汉代征兵制增强了中央军和训练有素的地方郡县部队。而且所有男子都接受过军事训练，民间储备了大量预备军人，并且兵役由全体男性一同承担，在初期不会出现劳役不均的现象。但是再好的制度在执行过程当中都容易走样，大量贵族等有特权的阶层逃避兵役，各种徭役负担压在了社会最低的阶层，最终导致征兵制的破坏。另外，全民皆兵的制度使得军队整体战斗力低下。这便是汉代征兵制的优劣点所在。

　　三国以后的各个朝代有的实行军户制，有的实行募兵制，但是征兵制一直存在。特别是在发生大规模战争时，为满足战争需要，朝廷都要大量征兵。如隋炀帝为征高丽"在山东增置军府，扫地为兵"；杜甫诗中写到"夜宿石壕村，有吏夜捉人""再把中男行"，都说明唐政府为平定安史之乱，连老人和十四五岁的少年都不放过。

　　古代的征兵制有时不但没有起到保家卫国的作用，反而成了让百姓遭殃的一大因素。

叁 捌 史上唯一出身风尘的女将军

妓女照样可以凭借自己"不让须眉"的才能，调动枪杆，
应对刀兵，她就是妓女出身的爱国女将军——两宋之交的梁红
玉。梁红玉何许人也？她有什么样的传奇经历，使得妓女出身
的她在国难当头的 20 世纪 30 年代成为国人的精神偶像呢？

妓女是一个社会中的特殊群体，她们靠卖身为生，处于社会的最
底层，很难有妓女会得到后人的尊重，但也有极为罕见的特例，妓女
照样可以凭借自己的"不让须眉"的才能，调动枪杆，应对刀兵。她
就是妓女出身的爱国女将军——两宋之交的梁红玉。喜欢京剧的朋友
都知道，"九·一八事变"之后，为了鼓舞中国人的抗战斗争，梅兰
芳先生曾在 1933 年排演过以梁红玉为题材的京剧《抗金兵》。梅兰芳
先生回忆说："我为了反对日本侵略，演出《抗金兵》的梁红玉，当
我擂完鼓，下山与金兵交锋时，仿佛到了抗日战线的前哨……"梁红
玉何许人也？她有什么样的传奇经历，使得妓女出身的她在国难当头
的 20 世纪 30 年代成为国人的精神偶像呢？

梁红玉的家世不详，她的事迹在正史上主要纪录在她的丈夫韩世忠的传记中。由于韩世忠在宋史中被称为南宋"武功第一"，所以在正史上为尊者讳，对梁红玉也只称其为"梁氏"而不提她的名字。梁红玉的出身众说纷纭，有些书上说她是安徽池州人，祖上做过大官，另一些书上则说她是江苏淮安人。淮安现在还有纪念她的祠堂。南宋人罗大经所著《鹤林玉露》一书曾记载："韩蕲王之夫人，京口娼也。"韩蕲王即韩世忠。后来元人脱脱等编修的《宋史》在记述梁红玉事迹的时候，对她的籍贯、出身只字不提。清乾隆年间的《山阳县志》记载："梁流落为京口娼家女。"由以上资料我们可得知：梁红玉在嫁给韩世忠之前，确实做过妓女。

中国古代历来有官娼和私娼。官娼就是官家开办的妓院，也就是由军队包养，专门为军人服务。关于梁红玉的风尘出身，最流行的说法是：梁红玉生于北宋末年，因为姊妹较多，家境贫困。时淮安境内水田纵横，盛产蒲草，梁红玉少年时便和家人一起编织蒲包卖钱度日。不久，金兵大举南侵，楚州兵荒马乱，梁红玉便和家人及大批难民流浪京口，并沦落为娼家之女，做了"营妓"，也就是军中艺人，以舞剑弹唱为生。做"营妓"的梁红玉，是否为"娼"，是否卖身，现在已无从考证了。

梁红玉与韩世忠相遇的过程颇有戏剧性。韩世忠是陕西延安人，18岁入伍。《宋史》记载韩世忠"风骨伟岸，目瞬如电。早年骜勇绝人，能骑生马驹。家贫无产业，嗜酒尚气，不可绳检……年十八，以敢勇应募乡州，隶赤籍，挽强驰射，勇冠三军"。

关于梁红玉与韩世忠相遇、相识并喜结连理的过程，现存两种说法，一种说法是童贯平定方腊后，班师回朝，行到京口，召营妓侑酒，梁红玉与诸妓入侍，就在席上认识了韩世忠。韩世忠在众多将领大吹大擂的欢呼畅饮中，独自显得闷闷不乐，原来虽然他亲手擒获了方腊，但这件功劳却让上司辛兴宗抢去了（"辛兴宗领兵截峒口，掠其俘为己功，故赏不及世忠。别帅杨惟忠还阙，直其事，转承节郎。"《宋史·韩世忠传》）。相貌堂堂、英勇伟岸的韩世忠引起了梁红玉的注意，梁红玉那飒爽英姿、不落俗媚的神气也得到了韩世忠的欣赏，两人各通殷勤，互生怜惜，于是英雄、美人成眷属。

另一种说法是梁红玉在当营妓时，路过营房，看见有一只老虎蹲卧廊间。她吓了一跳，定睛再看，发现乃是个睡着的军官，就问他的姓名，那人答韩世忠。梁红玉心中感到很惊异，回住处告诉鸨母，认为他将来必成大器，于是备酒邀请韩世忠。一来二去，两人日久生情就结为夫妇。

当时的韩世忠和梁红玉，一个是不得志的低级军官，另一个是历尽风尘的营妓。在宋朝重文轻武的政策下，身为"军汉"的韩世忠的社会地位其实并不比作为妓女的梁红玉高多少，军汉配营妓也就顺理成章了。从此梁红玉便随韩世忠南征北战，抗击金兵。

1129 年，当时的禁卫军司令（扈从统制）苗傅和另一大臣刘正彦发动兵变，逼高宗退位，禅位给他年方 3 岁的儿子，让孟太后垂帘听政，改年号为"明受元年"。韩世忠率军平叛，苗、刘二人将在杭州的梁红玉及其儿子韩亮作为人质扣押，并请梁红玉去秀州劝说韩世忠。梁红玉假意应允，但是见到丈夫韩世忠后，梁红玉不顾儿子安危，以国事为重，劝说丈夫继续进军。韩世忠平叛成功后，因勤王救驾有功，高宗亲书"忠勇"二字赐韩并擢升为检校少保、武胜昭庆军节度使，称梁红玉"智略之优，无愧前史，给内中俸以示报正"，给功臣之妻俸禄。这在前史从未有过，梁红玉为第一人。这也是历史上梁红玉第一次崭露头角。

　　梁红玉还有着出色的军事指挥才能，这主要体现在击鼓战金山一役中。

　　建炎三年（1129 年）十月，金军在完颜宗弼（即俗称的金兀术）率领下长驱直入，攻入江浙，但遭到各地汉人的反抗。无奈之下，金军在大肆掳掠之后北返。此时，担任浙西制置使的韩世忠听说金军北撤，便率水军 8000 人急赴镇江截击完颜宗弼的 10 万金军。由于敌众我寡，梁红玉认为敌军声势浩大，只宜智取，不可力敌。两人经过周密部署，随即埋伏人马。韩世忠亲率战船，诱敌深入，梁红玉则身先士卒，登上十几丈高的楼橹，冒着流矢，在金山之巅的妙高台"亲执桴鼓"指挥作战。这一战使得金军溃不成军，但韩世忠没听梁红玉乘胜进击、逼敌就范的意见，麻痹大意，使得金军没有被全歼，而是突围而去。

　　战后，梁红玉不但不居功请赏，反而因金兵突破江防，上疏弹劾丈夫韩世忠"失机纵敌"，请朝廷"加罪"。这一义举，使举国上下人人感佩，传为美谈。朝廷为此再加封她为"杨国夫人"。

　　绍兴五年（1136 年），韩世忠被任命为武宁安化军节度使，驻扎楚州（今江苏省淮安市）。梁红玉随韩世忠率领将士以淮水为界，旧城之外又筑新城，以抗击金兵。由于韩世忠、梁红玉与士卒同劳役、共甘苦，士卒都乐于效命。经过苦心经营，楚州恢复了生机，又成为一方重镇。梁红玉、韩世忠驻守楚州十多年，"兵仅三万，而金人不敢犯"。

　　秦桧当权后，力主议和，和金国签订了《绍兴和议》。和议既成，高宗立刻着手削夺大将的兵权，韩世忠首当其冲。他的官越做越大，直到最后被封为咸安郡王，但是兵权却越来越小。为了逃避迫害，韩世忠干脆闭门谢客，整天饮酒作乐，梁红玉则将全部精力都放在教育儿子身上。她的儿子韩彦直也是一代名臣。绍兴二十一年（1151 年），韩世忠逝世。两年之后，梁红玉也去世了，终年 51 岁，与韩世忠合葬在苏州灵岩山。

叁玖 秦桧是金人放回的奸细吗

秦桧被金兵俘获之前，在北宋还并不是一个握有实权的人物，因而也并未引起人们多大的关注。但是从其南归极力主张议和之后，人们开始对他产生了怀疑，认为他是金人放回的奸细。那么，秦桧真的是金人放回的奸细吗？

秦桧字会之，1091年出生于黄州（今湖北省黄冈市），宋徽宗政和五年（1115年）登第，补密州（今山东省诸城市）教授，曾任太学学正，北宋末年任御史中丞，与宋徽宗、宋钦宗一起被金人俘获，南归后任礼部尚书、两任宰相，前后执政19年。然而，正是这样一位有着丰富从政经历、在南宋朝廷有着举足轻重之地位的人物，却跻身进入"中国历史上十大奸臣"的行列，引发世人无穷的感慨和叹息。根据现有的史料上的记载来看，秦桧之所以被世人所唾弃，主要有两个方面的原因：其一是他从南宋归国之后极力主张议和；其二是他杀了南宋的抗金名将岳飞。这两点除了是秦桧被世人所唾弃的原因之外，恐怕也是世人认为秦桧是金人放回的奸细的主要原因。其实，秦桧并非金人放回的奸细，理由主要有以下几点：

其一，根据一些野史的记载，1127 年，金人以秦桧反对立张邦昌当皇帝为借口，将他和他的妻子王氏及侍从全部捉了去。这时宋徽宗得知康王赵构即位，就致书金帅粘罕，与约和议，叫秦桧将和议书加工润色，负责全权与金言和。后来，金军统帅粘罕见到秦桧沉稳干练，颇有办事之能，就把秦桧送给他的弟弟挞懒任用，一方面是为了监视秦桧和其夫人，另一方面也是为了劝办事沉稳的秦桧归降金军。在这种情况下，秦桧当然没有丝毫选择的余地，拒不投降便等于公开与金军为敌，其后果对于生性怕死的秦桧来说是不敢想象的。在这种情况下，秦桧便选择了表面顺从而实则伺机逃脱的办法。至于秦桧为金军办事，是像许多其他北宋大臣一样，是一种外界强大压力下的无奈选择。1130 年，挞懒带兵进攻淮北重镇山阳，趁金兵得胜混乱入城而放松了对秦桧一家的看管之际，他杀掉了几个监视他的金兵，趁乱逃离了金营。

清　佚名　外销画·秦桧像

其二，从秦桧当时在南宋的表现来看，其系金军放回的奸细的可能性很小。在当时那种金强而南宋弱的情况下，如果秦桧真是金兵放回的奸细，那么他就应当尽快找出种种让南宋可以加速灭亡的破绽，竭力破坏南宋经济的发展。最主要的是，他当时深得宋高宗的信任，又独揽南宋大权，他只要将节制岳飞等大将的兵符交由几个亲信，金兵便可以长驱直入，然而秦桧并没有这么做，很显然，他并非站在金兵那边。

其三，关于秦桧是否是金军放回的奸细，南宋朝廷经过调查，早已有了定论。其实，自从秦桧带着家人从金营中逃回南宋朝廷之时起，关于其是逃回还是被金人放回一事曾在朝堂内引起过激烈的争论，后来朝廷还派出过专门的大臣负责调查秦桧的南归情况。只要对秦桧是逃回还是被金人放回还没有定论，朝中大臣对秦桧的攻击应当不会就此停止。

其四，从赵构对秦桧的信任来看，秦桧并非金人放回的奸细。赵构虽然在历史上称不上明君，但是也绝非酒囊饭袋。自从秦桧南归之后，赵构之所以能够信任秦桧并让他担任宰相的重任，很大部分是因为赵构的主张和立场符合当时的政治局面，有助于维护和稳定南宋的江山。如果对秦桧南归究竟是否是金兵故意放回的奸细这一问题还没有一个明确的答案，赵构应当不会予以重用。

其五，从秦桧的妻儿与秦桧一同南归这件事情可以看出，秦桧南归是金兵故意放回的奸细的可能性很小。试想，如果秦桧真是金兵放回的奸细，又怎么可能会将妻儿带回南宋，让他们受到牵连呢？

其实，无论从现有的史料还是详尽的分析之中，我们并不能得出秦桧是金人放回的奸细的结论，后人之所以说秦桧系金人的奸细，很大可能是基于一种心理上的偏见。

肆拾 济公和尚的原型之谜

济公是中国家喻户晓的神话人物，罗汉化身的济公在人间惩恶扬善、治病救人。老百姓将他视为"活佛"，而那些为富不仁、坏事做绝的恶人则对他又恨又怕。那么，济公其人是否真的存在？他是何许人也？又有着怎样不为人知的故事呢？

济公是中国家喻户晓的神话人物，罗汉化身的济公在人间惩恶扬善、治病救人。老百姓将他视为"活佛"，而那些为富不仁、坏事做绝的恶人则对他又恨又怕。那么，济公其人是否真的存在？他是何许人也？又有着怎样不为人知的故事呢？

济公的传说至今已有800多年的历史。六朝以来，浙江南部的天台山就是充满神秘色彩的佛教圣地，晋代《西域志》把天台石桥方广寺称为五百罗汉显化之地；唐代被称为三贤的寒山、拾得和丰干，就以疯癫著称，因此，天台在历史上就流传着许多罗汉、颠僧的传说。

济公其实是一个有史可查的人物，最早记录见于南宋高僧释居简

《湖隐方圆叟舍利铭》和释如《赞济颠》。济公，法名道济，他的高祖李遵勖是宋太宗驸马、镇国军节度使，父亲李茂春和母亲王氏住在浙江天台北门外永宁村。李氏家族人丁不旺，但因历世仕宦，家境富裕，也称得上是天台的望族了。赭溪西岸的一大片田地就属于这个家族所有，至今人们还将其称作"李家垟"。李茂春年近四旬，膝下无嗣，虔诚拜佛终求得子。济公出生后，国清寺住持为他取俗名修缘，从此与佛门结下了深缘。

少年济公成长在赭溪畔，读书于赤城山。由于受天台山"佛宗道源"和李府世代积善信佛家族文化的熏陶，潜移默化，他萌生了出家的念头，先入国清寺，后投奔灵隐寺瞎堂慧远，这位"佛海禅师"为济公授具足戒。

济公被人们神化为"活佛"不是偶然，而是他扶困济贫、除暴安良的行为得到了大家的尊敬所致。济公出家后，不像其他世俗和尚那样守着寺院的清规戒律循规蹈矩地生活，而是成天吃荤喝酒，衣衫褴褛，浮沉市井，救死扶弱。不过，在一般僧俗眼里，道济的言行出格，被认为不是正常的人。有的僧人向方丈告状，说道济违犯禅门戒规，应责打并逐出山门。谁知，方丈慧远一边口宣"法律之设原为常人，岂可一概而施"，一边在首座呈上的单纸上批了"佛门广大，岂不容一颠僧"，此后无人再敢诟逐。瞎堂圆寂后，道济去净慈寺投德辉长老，后来做了书记僧。

济公破帽、破扇、破鞋、垢衲衣，貌似疯癫，实际上却是一位学问渊博、行善积德的得道高僧，被列为禅宗第五十祖、杨岐派第六祖。由于济公法行高超，达官贵族都以与其结交为荣，但是道济却轻易不入侯门，而用他精湛的医术为老僧、贫民悉心治疾，疑难杂症多得根治。净慈寺失火后，他自撰榜文，前去严陵山一带募化，使之恢复旧观。他好打不平，息人之净，救人之命，于是人们又以他扶危济困而称之为"济颠"，尊之为"济公活佛"。济公诞生时正好碰上国清寺罗汉堂里的第十七尊罗汉（即降龙罗汉）突然倾倒，于是人们便把济公说成是罗汉投胎。黎民盼望救星，社会呼唤英雄，当人民迫切需要圣贤的时候，高僧就成了活佛，凡人道济成为被历代供奉祭祀的神灵，其成佛后的尊号长达28个字："大慈大悲大仁大慧紫金罗汉阿那尊者神功广济先师三元赞化天尊"，集佛、道、儒于一身，堪称神化之极致。

不过，也有人认为，济公的原型为金陵高僧宝志，是南北朝时建康（今江苏省南京市）人。宝志自小出家，住京师（即建康）道林寺，修习禅业，又曾向西域来的著名禅师学习禅法。至宋明帝泰始（465—471）初年，忽然出现反常行为，居止无定，饮食无常，留着长长的头发，喜欢赤脚走街串巷。他出门时总是扛着

清　王震　《济颠图》

一根锡杖，杖头挂着剪刀和镜子，或者挂一两匹布帛。他那诡异乖张的行止，常常招致人们的好奇和讪笑。

据《南史·陶弘景传》后面所附的沙门宝志事："宋泰始中（468年）见之，出入钟山，往来都邑，年已五六十矣。宋齐之交，稍显灵迹，被发徒跣，语默不伦。……好为谶记，所谓志公符是也。"这样一直到南齐建元中（479—482），宝志有时一连几天不吃饭，而没有饥饿的神色；有时言辞闪烁隐晦，难以捉摸，事后却发现他说的话都应验了；不时自编自唱半通不通的歌谣，结果都成了某些大事的预言。

据说梁武帝在位时，宝公有诗云："昔年三十八，今年八十三，四中复有四，城北火酣酣。"梁武帝38岁做了皇帝，83岁时他曾"舍身"当和尚的所在地同泰寺发生火灾，火起之日为四月十四日。宝志和尚的话都得到了应验。在此之前的齐武帝，曾将他关押起来，次日，人们却在大街上见到了他。齐武帝很惊讶，亲往狱中察看，却见他依然在押。齐武帝无奈，只好恭请他出狱，对其敬奉有加。

宝志又曾密运法术，使齐武帝看见父亲齐高帝在地狱常受锥刺刀割之苦。从此之后，齐武帝废除了对臣民的刀锥之刑，终生不再使用。齐卫尉胡谐得了重病，请宝志治病。宝志在药方上大书"明屈"两字，别无一言。至明日，胡谐病故，家属用车载其遗体归故里。宝志这才对人解释说："明屈"的意思，就是明天尸出之谓。有一位将军叫桑偃，图谋造反，起事之前去找宝志，想问个吉凶。宝志远远看见桑偃走来，拔腿就跑，一面大喊道："围台城，想返逆，砍头、破肚！"此后不到10天，桑偃谋反事发，叛逃到朱方（今江苏省镇江市丹徒区东南），被人捉住，果然把他砍头、破肚。宝志这种未卜先知的事例不胜枚举。

宝志还常显神通为国家效力。例如天监五年（506 年）冬大旱，武帝百般祈雨无效，宝志忽然上书要求在华光殿讲《胜鬘经》请雨。武帝应请令名僧法云讲《胜鬘经》，讲完的那天晚上，果然下起大雪来。宝志又要求端一盆水来，将一把刀放在水上，片刻间，大雨瓢泼而下，直到雨水充足才止。

天监十二年（513 年）的一天，宝志忽然将寺中的金刚像搬出，自语"菩萨当去"，到了第二天就无疾而卒。宝志死后，梁武帝女儿永定公主出资，在钟山玩珠峰开善寺（明初称蒋山寺）前为他建塔下葬，称宝公塔。琅琊王筠奉命为宝志撰写碑文，文辞丽逸，后人便依此碑文演误其名为道济，朝代为南宋。

到了明初，朱元璋为了营建孝陵，选中了蒋山寺这块风水宝地，决定迁移蒋山寺及宝公塔。谁知在拆塔掘基时，却见宝公尸体未腐，手缠腰，发披体，容貌如生，太祖视之生畏。遂许愿金棺银椁，以葬宝公，随后将其移至钟山东南麓，重建寺塔，即今之灵谷寺、宝公塔。

不管济公的原型是谁，他的扶危济困、除暴安良、彰善瘅恶等种种美德，在人们的心目中留下了独特而美好的印象，人们怀念他、神化他。他也成为人们心中的活佛，反映出济公形象的广泛亲和力。

肆 壹　古代文人为何爱"吹口哨"

　　心畅便欲歌，这是人之常情；内心沉郁的时候，也要长啸一声来解开内心的愁结，使自己脱离沉思之境。我国古时候，没有这样的音响艺术，但是诗文中却常见人们以另外一种方式来表达这一点，即"吹口哨"，这是怎么回事呢？

　　《说文》："啸，吹声也。从口，肃声。"汉代许慎认为啸是吹气发出的声音。在《诗经》中，有"之子归，不我过，其啸也歌""啸歌伤怀，念彼硕人"等诸多句子。郑玄《毛诗笺》说："啸，蹙口而出声也。""蹙口"，据分析，即双唇向前努起，作圆形，气流从舌尖吹出。可见，在东汉的时候，我国对"啸"已经有了专门的解释。到了唐朝，又达到了一个高峰，即孙广所作《啸旨》，这是我国一部专门记载啸的书，其《序》云："夫气激于喉而浊，谓之言；激于舌而清，谓之啸。"

　　晋朝王嘉《拾遗记》卷五："人舌尖处到向喉内，亦曰两舌重沓，以瓜徐刮之，则啸声清远。"由此亦可见发啸时须要控制舌位，所以

"啸"便是气流"激于舌"而产生的。可见，啸便是我们现代人所说的"吹口哨"。不过啸对古人而言要更复杂些，有很多规律和必要的掌握的技巧。这也是文人沉浸其中的原因。

明代唐伯虎还为《啸旨》作过后续，从诗律的角度对啸加以分析，他说："……声虽未谱，其间称或取声自上腭出，或自舌上出者，四声惟平声有上下。盖气自上腭出为上平声，气自舌上出为下平声。上去入声无上下者，仄入声，上平声清而仄声浊。窃想啸之为声，必出于平，而不出于仄矣。孙稷仙去远矣，白骨生苍苔，九原不可作。安得善啸之士，以谱其声而习之，登泰山，望蓬莱，烈然一声，林石震越，海水起立，此亦此生之大快也……"

可见啸是一种口哨音乐，《集韵》："啸，吹气若歌。"古人认为啸属于五音中的羽音。《六韬·龙韬·五音》："闻人啸呼之音者，羽也。"在隋朝以前，有一首叫作《命啸》的歌曲在宫廷里流行。据《新唐书·礼乐志》载："……又有……《命啸》等曲，其声与其辞，皆讹失，十不传一二。"这首《命啸》之歌，极有可能便是古时一种完整的口哨音乐。

"啸"最早见于我国《诗经》，汉代以后，啸逐渐进入文人雅士的生活，唐朝依然流行，到宋朝才渐渐陨落。起始与汉末及魏晋间文人的精神状态有关。清扬时长啸，狂傲时、伤于礼仪时也长啸当歌。汉朝黄宪《天禄阁外史》卷一："李膺访征君于衡门，雪甚，道遇郭泰。……时童子候门，见二子来，振衣长啸而入，征君及阶迎之。"可见长啸已经融于时人的生活中。还有诸葛孔明，《三国志》裴松之注中说他："每晨夜从容，常抱膝长啸。"可见汉末雅士正是以"长啸"之声显示了他们卓然不群的风姿和高远宏伟的志向。

在善啸者中，最出名的是魏末晋初的名士阮籍。《晋书》本

清　禹之鼎　《竹林七贤图卷》

传："籍容貌瑰杰，志气宏放，傲然独得，任性不羁，而喜怒不形于色。或闭户视书，累月不出；或登临山水，经日忘归。博览群籍，尤好《庄》《老》。……当其得意，忽忘形骸。"《世说新语·栖逸》中说阮籍常常"箕踞啸歌，酣放自若"，其"啸闻数百步"。据载，有一次阮籍在苏门山中遇到当世大隐士孙登，阮籍上前箕踞相对，与其"商略终古，上陈黄、农玄寂之道，下考三代盛德之美"，大讲上古玄学，孙登不理，于是阮籍就"对之长啸"。过了很久，孙登才笑着说"可更作"。阮籍吹完，感觉心中块垒已平，便下山了，未到半山腰，忽然上方传来孙登的啸声，"如数部鼓吹，林谷传响"。阮籍大服，从此与之学。有《咏怀诗》曰："月明星稀，天高地寒。啸歌伤怀，独寤无言。"可见啸是他生活中的歌声，是他抒发感情的另一种工具。

西晋成公绥《啸赋》云："发妙声于丹唇，激哀音于皓齿……是故声不假器，用不借物，近取诸身，役心御气，动唇有曲，发口成音，触类感物，因歌随吟。……唱引万变，曲用无方。……因形创声，随事造曲，应物无穷，机发响速。……音均不恒，曲无定制，行

而不流，止而不滞。随口吻而发扬，假芳气而远逝。"他认为"啸"能发出妙音，曲制有很大的随意性，既不借助工具，又能做到变化无穷。

唐代善作啸的人也多有记载。袁郊《甘泽谣·韦驺》："韦驺者，明五音，善长啸，自称逸群公子。"

啸在古人生活中是一种音乐，不过和今天的"吹口哨"大不相同。在诗文中，长啸是作为抒发内心情感的一种方式，所以才渐渐失去"吹口哨"的本来意蕴。陶渊明"登东皋以舒啸，临清流而赋诗"；王维"独坐幽篁里，弹琴复长啸"；李白"长啸梁甫吟，何时见阳春"；宋朝的一个月夜，苏东坡与友人"携酒与鱼"泛游赤壁，"划然长啸，草木震动；山鸣谷应，风起水涌"；南宋末年岳飞"抬望眼，仰天长啸，壮怀激烈"，其啸慷慨激昂，更是让人肃然起敬！

肆 贰 歼灭金军主力的竟然是宋军吗

金朝自1115年完颜阿骨打建国以来，历经119年的历史，终于灭亡。宋将孟珙在绍定六年（1233年）期间成功地全歼了数十万金军，而蒙古军在同一年中没有一场战役有这样辉煌的战绩。因此结论是，歼灭金军主力的实际是宋末名将孟珙所率领的宋军。

13世纪初，北方草原上出现了以成吉思汗为首的蒙古政权。嘉定四年（1211年）二月，成吉思汗自龙驹河率军南下，越过阴山，袭击金朝边地，揭开了长达23年的蒙金战争的序幕。金朝在蒙古军的迅猛打击下，被迫放弃中都（今北京），退守汴京。金军在与强悍的蒙古军交锋中几乎每仗皆败，蒙古军队陆续占领了山东、山西、河北等地区（一些地方为依附蒙古的汉族军阀所控制）。金国仅余陕西、河南两地，在黄河以北只剩下河中等少数据点。

不过在1228年的大昌原之战中，金朝忠孝军提控完颜陈和尚却以四百骑兵大败蒙古大将赤老温所率的八千之众。此役的胜利使完颜陈和尚声名远播，忠孝军也因此成为抗蒙劲旅。但金与蒙古交战近20年，仅仅取得了这一次大胜仗，金军主将完颜合达却已傲慢不逊，他在遣返蒙古使者时说："吾已备齐兵马，汝等可来战乎？"蒙古大汗窝阔台闻听此言，大为震怒，誓报大昌原之仇。

1230年，窝阔台将蒙古军队兵分三路大举攻金：由其本人率中路军，攻金的河中府，直下洛阳；蒙将斡陈那颜率左路军直下济南；窝阔台的弟弟拖雷率右路军由宝鸡南下，借道南宋境内，沿汉水出唐州、邓州。1232年，蒙古军拖雷部绕过金朝的军事重镇潼关，越过秦岭，出汉中盆地，迂回到南方，然后直奔汴京。金将完颜哈达率主力15万前往拦截，双方在三峰山（今河南省禹州市西北）展开会战。蒙古军队采取了疲劳金兵的战术：当金兵进击时，蒙军不战自退；金兵刚扎营寨，蒙军就来偷袭。金兵昼夜不得休息，甚至三天吃不上饭，结果被蒙军包围在三峰山。当时恰逢天降大雪，天气非常寒冷，蒙军在四面烤火煮肉，轮番休息，金兵却披甲僵立雪中，饥寒交迫。蒙军知道金兵急于突围，就故意让出一条路。当金兵争相逃跑之时，蒙军伏兵四起，大败金兵。

大多数学者认为，三峰山一战，金兵主力被歼灭殆尽，至此，金朝已经是摇摇欲坠，离覆灭不远了。但是，近来却有专家认为金军主力在三峰山一战并未被歼灭，而是后来被宋朝军队歼灭的，这些人以何为依据？金军主力到底是灭于宋军还是蒙古军队呢？

这些专家认为，据《金史·武仙传》记载，三锋山之战金军失败后，"余众迸走"，而败逃的金将武仙在逃跑时以三锋山战场为圆心绕了大半个圈，"收溃军得十万人，屯留山及威远寨。立官府，聚粮食，修器仗，兵势稍振"。当时，参加三锋山之战的金军共有15万人，武仙在三锋山之战后"收溃军得十万人"，这个数目占了三锋山

元　佚名　《元代帝半身像册》成吉思汗

之战中金军总数的三分之二左右，而剩下那三分之一的 5 万金军，也并没有全部被蒙古军歼灭，当中有很多成功逃脱。据《金史·古里甲石伦传》记载："九年正月，北兵（蒙古军队）从河清径渡，分兵至洛，……洛中初无军，得三峰山溃卒三四千人，与忠孝军百余守御。"也就是说金军有三四千溃卒跑到了洛阳，估计还有一些躲藏在民间。因此，三峰山之战蒙古军最多只歼灭了金军三四万人，其余的全逃跑了。

可见，那些认为三峰山之战后金的主力已经不复存在的观点是错误的，蒙古军并没有能够在三锋山之战中全歼金军，只是打了场击溃战。金军主要将领完颜哈达、完颜陈和尚、杨沃衍等也从三峰山成功逃脱，但是他们却没有像武仙那样收拢溃兵，而是逃到了钧州，缺兵少将的他们在随后的蒙古军攻陷钧州之战中战死。

这时的蒙古军队由于种种客观原因，暂时还不能迅速消灭金朝，于是他们一方面与金国议和，另一方面则要求宋朝出兵合击金国。应该说这时候金军的主力还是存在的，而且仍然能够击败蒙古军。据《金史·蒲察官奴传》记载："（金忠孝军）军中阴备火枪战具，（蒲察官奴）率忠孝军四百五十人，自南门登舟，由东而北，夜杀外提逻卒，遂至王家寺。……持火枪突入，北军（指蒙古军）不能支，即大溃，溺水死者凡三千五百余人，尽焚其栅而还。"武仙率领的 10 万金军虽然在其后与蒙古军作战中受到了一些挫折，但实力并没有受损，直到"……（金天兴二年）二年正月，仙阅兵，选锋尚十万"。

为了挽回金朝的颓势，据《金史·完颜仲德传》记载：金将完颜仲德等人在与蒙古人议和失败且北窜无望的情况下，构思了一个重要的战略决策，即企图集中力量占领宋朝的四川，以待时机卷土重来。武仙以及"乘乱聚众二十万为边患"的金将武天锡、金邓州守将移剌瑗都是这一政策的拥护者，据记载"武仙时与武天锡及邓守移剌瑗相掎角，为金尽力，欲迎守绪入蜀，犯光化，锋剽甚"。金朝凭着这庞大的数十万大军，似乎复兴有望。

然而，他们的这一计划却在宋朝名将孟珙的打击下灰飞烟灭。绍定六年（1233 年）十二月，金哀宗逃至蔡州，金将武仙、武天锡、移剌瑗等聚兵邓州，进攻光化。而此时，南宋已正式决定出兵助蒙古灭金。绍定七年（1234 年）五月，孟珙奉命进讨，据《宋史·孟珙传》记载，武天锡在与孟珙作战时全军覆没，"珙逼其垒，一鼓拔之，壮士张子良斩天锡首以献。是役获首五千级，俘其将士四百余人，户十二万二十有奇"。另一金将移剌瑗因为作战失败，不得不向孟珙投降，"瑗遣其部曲马天章奉书请降，得县五，镇二十二，官吏一百九十三，马军千五百，步军万四千，户三万五千三百，口十二万五千五百五十三。珙入城，瑗伏阶下请死，珙为之易衣冠，以宾礼见"。而武仙则"易服而遁"，孟珙"降其众七万人，获甲兵无算"。至此，三锋山之战中从蒙军阵前逃脱的 10 万金军溃卒，加上武天锡和移剌瑗的军队在与宋军作战时损失殆尽，金军主力已经荡然无存。

绍定七年正月初十，蒙古军攻破蔡州西城、宋军破蔡州南门，金哀宗见大势已去，传位于末帝完颜承麟后自缢身亡，残余金军或战死，或自杀殉国，无一投降，完颜承麟也被乱军所杀。金朝自 1115 年完颜阿骨打建国以来，历经 119 年的历史，至此终于灭亡。宋将孟珙在绍定六年（1233 年）成功地全歼了数十万金军，而蒙古军在同一年中没有一场战役有这样的辉煌战绩。因此结论是，歼灭金军主力的实际是宋末名将孟珙所率领的宋军。

肆叁 明成祖为何屠杀三千名宫女

　　明成祖屠杀宫女之事鲜有人知，而屠杀宫女的原因，知之者更是少之又少。据不完全统计，明成祖朱棣前前后后一共屠杀了三四千名宫女。那么，他究竟为何要对这么多无辜的宫女痛下杀手呢？

　　尽管是通过起兵反叛而登上权力的最高峰，但是无可否认，明成祖朱棣确实是中国历史上少数几个精明能干的帝王之一。他很有能力、精力旺盛，这是他作为帝王的优点，但是他的缺点也不容忽视，性格固执、刚愎自用、猜忌多疑、杀人如麻，尤其是在暴怒之时，更是杀人不眨眼。因此，与其说3000多名佳丽是死在明成祖朱棣的刀下，倒不如说是死在他猜忌多疑而又极易暴怒的个性上。

　　据史料记载，明成祖朱棣一共对宫女进行了两次大规模的屠杀。第一次是在永乐初年，这次屠杀宫女、宦官的数量较少，只有100多名；第二次发生在永乐末年，这次屠杀的宫女、宦官的数量加起来大概将近3000人，这样大规模屠杀宫女的事件，在中国历史上实属罕见。也许平常人都无法理解，作为一个高高在上的帝王，为何要对一些地位卑贱的宫女痛下杀手呢？用意何在？

　　要弄清明成祖屠杀宫女背后的故事，还得从永乐初年说起。永乐初年，在明成祖朱棣的治理下，原本逐渐衰落的大明王朝重新焕发活力，国力蒸蒸日上。在这种大好的形势下，明成祖朱棣也开始像历代和平中的君王一样，将自己沉迷于温柔乡之中，于是在全国各地广为选美，后宫美女日益增多。在所选的佳丽之中，来自朝鲜的美女权氏凭借着绝佳的容貌和过人的才华，迅速从众多貌美如花的宫女之中脱颖而出，赢得了朱棣的怜爱，一度成为朱棣最宠爱的妃子。1410 年，生性好战的明成祖朱棣又按捺不住征服的欲望，亲自率军出征漠北。出征之前，他特地带上权贤妃作为随侍嫔妃，随军出塞。但是令朱棣没有料到的是，这位集万千宠爱于一身的嫔妃竟然在大军凯旋回宫的路上得病身亡，死于临城，葬在峄县，权贤妃的死给朱棣带来了沉重的打击。

　　在明成祖伤心欲绝之时，恰好宫中有人报告给了他一个重要消息，明成祖朱棣听后勃然大怒，没有细查便诛杀了 100 多名宫女、宦官。事情还得从一朝鲜商贾的女儿贾吕说起。贾吕被选入宫后，并没有得到明成祖朱棣的宠爱，内心苦闷不堪。后来，她遇到了本国先期入宫的宫人吕氏，由于两人同是朝鲜人，贾吕便想与吕氏交往。可是，吕氏鄙视贾吕的为人，不愿意和她交往，于是贾吕一直怀恨在心，等待着报复的机会。贤妃权氏死于北征凯旋回师途中的消息无疑给贾吕带来了报复吕氏的机会，因为吕氏当时随军侍候过贤妃，很容易诬陷。于是她便在伤心欲绝的明成祖面前诬告贤妃是被吕氏毒死的，这便发生了永乐初年的第一次宫女、宦官大屠杀。

　　贤妃权氏的去世尽管使明成祖伤心欲绝，但是经历过一段时间之

明　佚名　《明成祖坐像》

后，他逐渐从悲痛之中解脱出来，王贵妃逐渐取代贤妃权氏，成为当时明成祖最为宠爱的妃子。但可能是王贵妃无福消受这莫大的荣幸，正在明成祖准备册立她为皇后之时，她便得病去世，走完了短暂的一生。王贵妃的去世使明成祖再一次经历丧失宠妃的伤痛。事有凑巧，正在明成祖朱棣伤心欲绝之时，贾吕与宫人鱼氏私下与小宦结好之事又传入他的耳中。听到这一消息之后，明成祖朱棣甚为恼火，雷霆大发，贾吕和鱼氏惧祸，上吊自杀。为了查出宫廷之中究竟还有多少类似的丑闻，明成祖决定亲自审讯贾吕的侍婢。刑讯的结果让他直冒冷汗，竟然查出这帮宫女要谋杀皇帝的事！

这个消息无异于晴天霹雳，明成祖朱棣极为震惊和恼怒，便决定清洗后宫。据不完全统计，当时受株连被诛杀的宫女、宦官将近2800 名，再加上永乐初年他所屠杀的 100 多名宫女、宦官，将近3000 名宫女、宦官死于明成祖朱棣的屠刀之下。据《李朝实录》记载，当宫中宫人被惨杀之时，适有宫殿被雷电击中，宫中的人都很高兴，以为明成祖朱棣会因害怕报应而停止杀人，可是朱棣依旧如故，丝毫"不以为戒，恣行诛戮，无异平日"。

据史料记载，"明成祖晚年患疾病，容易狂怒，发作难以控制，甚至歇斯底里，他本人残忍好杀，又添上晚年患有疾病，所以就更加狂暴异常"。这大概是冥冥之中上天对他杀人过多的惩戒吧。

肆 肆 蒙古骑兵为何能横扫欧亚

　　成吉思汗征战终生，统一了蒙古高原上的诸部落后，进而征服了半个世界，创立了横跨欧亚两大洲的蒙古大帝国。成吉思汗及其子孙们是如何做到在 40 多年的西征战争中屡战屡胜的呢？

　　成吉思汗是古代蒙古民族的一位杰出的军事家，同时也是一个伟大的政治家、思想家和战略家。他统一了蒙古高原上的诸部落后，进而征服了半个世界，创立了横跨欧亚两大洲的蒙古大帝国。1995 年12 月，美国《华盛顿邮报》依据"人类文明史上第二个 1000 年（1000—1999）中，何人缩小了地球、拉近了世界"的标准，将其评选为"千年风云第一人"。成吉思汗及其子孙们是如何做到在 40 多年的西征战争中屡战屡胜的呢？

　　蒙古骑兵能横扫欧亚，首要因素是蒙古骑兵拥有良好的军事素质和坐骑。蒙古人是擅长狩猎的游牧民族，终其一生在驰骋草原中度过。蒙古民族民风彪悍、团结、吃苦耐劳，他们从 3 岁开始就被绑在马背上，开始学习骑马和使用武器，尤其是弯弓。每一个体格健全的男子，在 60 岁以前都会被要求参加狩猎与战争。而蒙古部落联军，就是由全体成年男子所组成。蒙古马虽然身材矮小，跑速慢，而且跨越障碍的能力也远远不及欧洲的高头大马，但是，蒙古马却是世界上忍耐力最强的马，对环境和食物的要求也是最低的。无论是在亚洲的高寒荒漠，还是在欧洲的辽阔平原，蒙古马都可以随时找到食物。蒙古马具有很强的适应能力，它们可以长距离不停地奔跑，无论严寒酷暑都可以在野外生存。同时，蒙古马可以随时胜任骑乘和拉车载重的任务，这使得蒙古军队能持续作战。

此外，成吉思汗将蒙古军队的骑射蛮力与最高超的军事科技进行了完美的结合。在遇到蒙古军队之后，依靠城墙和水系固守，曾是其他民族抵抗的唯一方式。然而成吉思汗采纳了契丹籍重臣耶律楚材攻下城池不杀匠人的建议后，收容了大量汉、回等族的制艺能手并给予生活优待，随军制作营便能造出有效的攻城器械。成吉思汗深知实用技术的重要，他建立起世界上最早的炮兵——"回回炮手军匠上万户府"。这支新兵种抛射（不是用炮管发射）爆炸物，却能轰开许多城垒，为铁骑打开突破口。蒙古军队还以重金收买海盗船商，不仅灭了退到海上的南宋小朝廷，还渡海直打到爪哇（今印度尼西亚）。在这种军队的攻击下，金朝亡国的哀宗曾叹道："蒙古之所以常取胜者，恃北方之马力，就中国之技巧耳。"

蒙古军队还有异常严密的组织，而且调动起来灵活迅速。蒙古的军队是根据十进位的体系，即由十人、百人、千人、万人的部队所组织而成。各个部队的人数非常接近，可能是方便应付人员伤亡和损耗。万人部队是最大的作战单位，能依靠自己的力量作持续的战斗。这万名战士由大汗的一个亲戚或亲信指挥，两万人可组成一军。另

元　刘贯道　《元世祖出猎图》

外，大汗亲选一万名"体格矫健，技能好"的人，组成精锐的"护卫军"，在平时分为四班守卫，战时随大汗出征。而被征服的人民，包括鞑靼人等会被拆散分派到其他部队之中，令其无法组织动员，以避免反叛。蒙古人在极其严厉的军法约束之下作战并共享战利品，在战争中遗弃战友会被判处死刑。这种严格的纪律，加上英明的领导和有效组织，让蒙古人的武力从骑兵群提升为一支真正的军队。

在实战中，蒙古军队还继承和发展了先人的成功经验，创造了"大迂回"战术及"闪电"战术。蒙古军的"大迂回"战术源于蒙古族的围猎。他们把围猎中的技艺娴熟地运用到战争中，它不以击溃敌人就算达到战争目的，而是用左右包抄的方式将敌人包围，从不给对方留下一条逃生的出路。蒙古军队在战争中还经常使用"闪电"战术。与蒙古军队相比，对手通常移动速度缓慢和谨慎，但蒙古人善于寻找机会去分散敌军的力量，然后集中自己的力量，以快速的射击把敌人各个击破。他们会试图环绕或包围敌军，来制造局部优势。蒙古的轻骑兵并不能对抗重骑兵的攻击，所以他们会假装败逃来吸引敌军骑兵的穷追猛打，借此消耗他们的体力，以降低其攻击实力；这时，原本走避的蒙古轻骑会突然折回反身成为攻击者。蒙古军队精于设下埋伏和突袭。蒙古军的将领也最擅长应用侦察兵，并且在身处劣势的情况下协调武力的调动以夹击敌军。

后勤保障是战争成败的重要因素，成吉思汗对此非常重视。由于部队出征时只能携带有限的羊马，为充分食用这些牲畜，成吉思汗规定了专门的屠杀方法，使这些牲畜易于更长久地保存。据史料记载，成吉思汗差不多每到一处，就在五十里、百里以内各设一驿站，以便于互通信息。在作战时军队之间相互联络信号方面，蒙古军队也都采取了妥善的办法和制定了必要的制度。例如除制定往步和乘马联络外，用吹号、色旗互相联络等。

此外，蒙古军队还有一种最有力的武器，就是计划周详、时时刻刻对敌人施行的心理战术。如果蒙古军队想攻取的城市不愿意投降，那么他们最终一定逃不掉被屠城的下场。当时最大且兴盛的撒马尔罕和内沙布尔两城，就由于这个原因先后被夷为平地，居民无一幸免。这个消息传开后，别的城市就不敢抵抗，但是有的即使投降也不一定能避过厄运。基辅城中的俄罗斯王公投降前虽得到宽大处理的保证，但最后还是被扔在饮酒祝捷的桌下活活压死。阿富汗西北边境赫拉特城的居民在听到赦免消息后走出城外，却被全部杀死，整座城也被夷为平地。

曾有史学家叹："整个世界上，有什么军队能跟蒙古军相匹敌呢？战争时期，他们像受过训练的野兽，去追逐猎物。但在太平无事的时候，他们又像是绵羊，生产乳汁、羊毛和其他许多有用之物……"蒙古军队在横扫欧亚的过程中，众多城池遭到灭顶之灾，造成了巨大的经济破坏，但同时却打开了东西方文明交往的通道，此间中国古代四大发明中的三项——火药、印刷术和指南针传到了欧洲，从而为资产阶级文明的诞生准备了重要的物质基础。成吉思汗个人辉煌的成就，也引古今无数英雄竞折腰，从这个意义上讲，他不愧为"一代天骄"。

郑和下西洋所乘宝船存在吗

郑和所率领船队的船只，有的用于载货，有的用于运粮，有的用于作战，有的用于居住，分工细致，种类较多。可以说，郑和的船队是一支以宝船为主体，配合以协助船只组成的规模宏大的船队。但是，近来却有专家学者怀疑郑和下西洋船队中的巨型"宝船"是否真的存在过。

郑和，1371 年生于云南昆阳州（今云南省昆明市晋宁区），原名马和，小字三保（后又称三宝）。他在 11 岁时被俘进宫，后当朱元璋四子燕王朱棣的近侍。朱棣登基，念他有勇有谋，屡立奇功，便赐姓"郑"，改称郑和，并提拔为内宫太监。经过元末的战乱之后，朱元璋和朱棣都采取了发展农业、扶植工商业的措施，使明初国力逐步强大起来。同时，朱棣在政治上又加强中央集权，消除诸王势力，充实军事实力，开拓、巩固边疆，维护国家稳定。强大的政治、经济势力，奠定了明王朝开拓对外活动的基础。

朱棣攻下南京后，始终没有找到建文帝朱允炆，朱棣怀疑他逃到了海外或者隐匿于某个海岛上。还有一点是，洪武中后期，东南亚一带许多国家再没有按期向明王朝纳贡，这使朱棣感到天朝的宗主地位正在丧失，还有些地区的首领甚至阻碍、破坏中国官方、民间的对外海上贸易，朱棣对此难以忍受。于是，一个宏大的计划在朱棣脑际出现，那就是派遣使节打通海上通道，重建天朝威严，恢复和扩大对外邦交，郑和在这个时候承担起了历史的使命。

造船业在我国有悠久的历史，造船技术在一段很长的历史时期内居于世界领先地位。西周时，建造的海船就能东达日本。秦汉时，更能远航至爪哇、柬埔寨、印度和斯里兰卡等国。到了唐代，我国建造的大船已可乘坐六七百人，而宋元时代又增大船体，可乘近千人。由于指南针的运用，使得在茫茫大海上航行安全可靠。历史悠久的造船业和先进的造船、航海技术，加上明初强盛的国力，为郑和能大规模地建造远洋船队出航西洋，提供了坚实的技术和物质条件。

为尽快造出下西洋所需的舰船，郑和派员协助新建和扩建了许多船厂。船厂分工很细，木工、铁工、篷工、橹工、索工、漆工，样样齐全。大船厂还附设许多小作坊，初步形成了比较完备的造船体系。据《明史·郑和传》记载，经过紧张准备，明朝共造出航海"宝船"共63艘，最大的长44丈4尺，宽18丈；普通"宝船"的实际尺度虽无记载，但也是"体势巍然，巨无与敌"。巨型"宝船"是当时世界上最大的海船，折合现今长度为151.18米，宽61.6米。船有4层，船上9桅可挂12张帆，锚重达几千斤，要动用200人才能启航，一艘船可容纳千人。《明史·兵志》也记载说："宝船高大如楼，底尖上阔，可容千人。"

在郑和下西洋的船队中，除了"宝船"还有四种船，分别是"马船"：长37丈，宽15丈；"粮船"：长28丈，宽12丈；"坐

明　佚名　《麒麟图》

图绘 1414 年郑和下西洋时马六甲王朝进贡麒麟的景象。

船"：长 24 丈，宽 9 丈 4 尺；"战船"：长 18 丈，宽 6 丈 8 尺。可见，郑和所率领船队的船只，有的用于载货，有的用于运粮，有的用于作战，有的用于居住，分工细致，种类较多。我们可以说，郑和的船队是一支以宝船为主体，配合以协助船只组成的规模宏大的船队。

但是，近来却有专家学者怀疑郑和下西洋船队中的巨型"宝船"是否真的存在过。他们认为，明永乐年间，朱棣施政办公的大殿——奉天殿（太和殿）是当时最大的木结构实体，其大小也不过宽

63.96 米，深 37.20 米，高 35.05 米，而大号宝船上仅船楼的面积就大大超过了它。从封建的宗法礼仪上讲，作为宦官的郑和乘坐如此大的宝航船似乎有僭越之嫌。而且郑和宝船的长宽比例不协调，"长 44 丈 4 尺，宽 18 丈"，长宽比大致为 2.4666：1，比例之小使"宝船"看上去简直就是一个方盒子。此外，《天妃经》卷首插图显示郑和下西洋船队雄姿，图中的船型应当是下西洋的主要船型，却不是巨型宝船，巨型宝船既巨大，又重要，理应充当"主角"，为什么反而不被描绘呢？

肯定郑和船队有宝船的专家认为，在中国古代，宫殿的营造法式是有严格的等级界限，而舰船则被视为海上的移动城池，属于军事设施的一种，两者并不具备可比性。近年来在我国沿海地区陆续出土了一批宋、元、明时期的古船遗骸，其中有的古船经测算，其长宽比大致约为 2.4：1，虽然这些船的尺寸不能与宝船相比，但也证明了宋明时期我国的确存在一种"粗"腰身的船型。而且，经过对南京郑和造船厂的考古，发掘出一根约 15 米长的舵，和明史所述巨型宝船大小相符。至于《天妃经卷首插图》没有描绘巨型宝船之事，很可能在郑和下西洋的船队中，占主体地位的是普通型的宝船，于是画作不描绘少量的巨型宝船，这也有可能。而且伊本·白图泰的游记中早已纪录中国巨大的 12 张帆可载千人的海船，这也可作为 12 帆载千人的宝船的旁证。

永乐三年（1405 年）六月十五日清晨，郑和率领当时世界上最庞大的船队，开始了首次出使西洋的远航，从此揭开了我国古代，也是世界外交、航海史上的光辉一页。

郑和航海，主要依据的海图是《海道针经》。此图是依据沿海船民的实际经验，结合当时的航海技术制作而成，用以指引航船的路程。可惜，这幅十分宝贵的《海道针经》早已失传。但《郑和航海图》流传至今。此图共 40 幅，详细记载了从南京下关宝船厂出发，出长江口，沿苏、浙、闽、粤海岸航行，跨过南海及印度洋，抵达非洲东海岸的航线。这种航线，系借用罗盘，采用"更""托""针位"加以确定的。以 60 里为"更"，以"托"避礁浅，以"针位"取航道。航途中，需随时掌握航行几更可到某地；又必须沉绳海底，打量水深几托，探知何处有暗礁；还需根据针路，察明海岛的方位。《郑和航海图》中详细地描绘着航经各国的方位、航程之远近及航行之方向，对何处宜于停泊、哪里有礁石、什么地方有浅滩，都一一标明。这样，在海上航行也就无异于在陆地上走平道了。

郑和下西洋船队的每艘船上均配有罗盘，由 24 名官兵掌管航船的方向。这种罗盘的精度很高，采用 24 个方向，各以天干地支与八卦五行命名，标记方位，这是当时最先进的航海技术。

在宝船、海图及罗盘针的配合下，郑和从永乐三年（1405 年）率领庞大的船队首次出使西洋开始，在以后漫长的 28 年间，历经亚非 30 余国，涉 10 万余里，与多国建立了政治、经济、文化的联系，完成了七下西洋的伟大历史壮举。郑和在第七次下西洋时不幸于古里国（今印度南部西海岸和科泽科德）病逝。郑和把毕生精力贡献于航海事业，是世界历史上杰出的航海家。

肆陆 大英帝国为什么向明朝赔款

　　鸦片战争这段历史对每一个中国人而言都是一段不堪回首的记忆，但当我们翻看史书时，竟然发现，在鸦片战争爆发 200 多年前的 1636 年，不可一世的大英帝国竟然也曾向当时的明政府赔过款……

　　1840 年，英国侵略者在其他西方资本主义列强的支持下，向古老而封建的中国发动了一次侵略战争。由于这次战争是英国强行向中国倾销鸦片引起的，所以历史上叫作鸦片战争。鸦片战争以腐朽的清王朝战败而结束，战后英国强迫清政府签订了中国近代史上第一个不平等条约——《南京条约》。条约规定清政府不仅要割让香港，赔款 2100 万银元，还规定了西方列强在中国拥有一系列的特权。这次战争使西方列强发现了清政府的腐败无能，为了扩大自己在中国的权益，包括英国在内的西方列强在中国肆无忌惮，多次强迫清政府签订大量不平等条约，使中国的主权一步步沦丧。

　　这段历史对每一个中国人而言都是一段不堪回首的记忆，但当我们翻看历史时，竟然发现，在鸦片战争爆发200多年前的1636年，不可一世的大英帝国竟然也曾向当时的明政府赔过款……

英国伊丽莎白女王继位之后，英国国内印行了许多关于航海、旅行及地理发现的文章，其中东方中国的富庶，便成了当时欧洲冒险家们东来"寻宝"的动力。1583年，伊丽莎白曾派亲信携她写给中国万历皇帝的信函，前往中国，却被控制外商进入中国的葡萄牙人发现，致使此次遣使流产。

1588年，英国全歼西班牙海上"无敌舰队"，其后又击败荷兰舰队，夺得海上霸权后，决定再次遣使来华。这次使团由三艘船组成船队，但一艘在好望角附近覆没了，另外两艘在东驶时遇上了葡萄牙船队，双方激战18天，幸存者集中到一艘大船上继续东进，船驶到布通岛时触礁覆没。仅存的四人便携女王致中国皇帝的国书，逃到波多黎各，不幸又为西班牙人所俘，后遭枪杀。

1603年，伊丽莎白女王死后，英国历史进入斯图亚特王朝时期。王朝的第一代国君詹姆士一世屡屡接到商人赴华贸易的请求后，决定派使臣到中国，向中国皇帝提出建立贸易联系的请求。1610年（明万历三十八年），詹姆士一世修书两封致中国万历皇帝，派商人尼古拉·道通为代表，持信前往中国。这两封国书原定先经过万丹、日本，寻找在那里的中国人陪同，之后呈送给中国皇帝。尼古拉·道通抵万丹后遇到不少中国商人，"但竟找不到一个中国人敢翻译和陪同呈递这两封国书，因为这样做，根据明政府海禁国令，他们有被处死的危险"。标志着英国第三次遣使来华的两封英王致中国皇帝的国书，在万丹搁置4年之久，最后竟不知落于何人之手。使臣来华之事，亦告息鼓。

经过这三次失败的贸易探索之后，英国人决定不必经过中国皇帝的允许，直接参与对华贸易。1635 年（明崇祯八年），英国东印度公司同果阿（现为印度的一个邦）的葡萄牙总督达成协议，葡萄牙人同意英商自由出入澳门从事贸易。于是英王查理一世依靠有经验的商人威廉·科尔亭，组建了一个直接赴华贸易的私人"科尔亭商业公司"。英王本人加入一万英镑作为股份，并从东印度公司聘请了一位善于远航的船长约翰·威德尔为兵船商队指挥官，在中国有权代表英王行使权力。查理一世在给威德尔的委任状中提到"国王授予你的不仅仅是许可证或下达命令，而且给了你权力……到中国海岸及日本，在这些地方进行贸易"。1636 年 4 月，威德尔率领 6 艘船舰前来中国。

　　威德尔船队于 1637 年 6 月 27 日到达澳门以南的十字门外停泊。在此贸易的荷兰人对英国商船的到来十分不满，因为这时澳门与果阿、里斯本的贸易航线已被荷兰舰队所阻截，航行十分困难。澳门葡萄牙人只能维持长崎和马尼拉的贸易航线，而且同长崎的贸易也将因日本颁布锁国令而被迫停止，这样就只剩下马尼拉一处仍然保持密切的贸易关系，但贸易额每年仍达 100 万两白银。如果英国人也来到澳门做生意，那么葡萄牙人对中国贸易的垄断势必会被打破，葡萄牙人的利益将会受到很大损失。因此，澳门葡萄牙人拒不不执行果阿总督的指示，不允许英国人分享澳门的贸易特权。由于当时英国人无法靠岸与中国官员交流，于是葡萄牙人在中国官员面前极力诋毁英国人，将他们说成是前来捣乱的荷兰人，应予驱逐。葡萄牙人又从澳门派出巡逻艇在英船附近巡弋，阻止英国人进行贸易活动。

　　在葡萄牙人的干扰下，威德尔见英国在澳门贸易已无希望，便于 7 月底启碇前往广州。8 月 8 日，英船到达虎门亚娘鞋，虎门炮台守军见不明舰船停泊，便鸣炮示警。据中国史料记载，"船人虎门时，遂受守将之炮击，威德尔立即回炮，血战数时，炮台失陷"。英国人攻上炮台后，扯下中国军旗，挂上英王旗帜，并拆下 35 门大炮作为战利品搬到船上。广州当局派葡萄牙人诺雷蒂交涉，威德尔才把大炮归还，同时派出两名商人带购货之用的西班牙银币 22000 里尔，以及 2 小箱日本银币随同诺雷蒂前往广州。

　　但此时，英船却不顾守军的一再警告，继续深入广州内河。广东海防当局见警告无效，于是派出 3 艘战船冲向英国船队，并不停地发射火炮和火箭，迫使英船仓皇逃走。威德尔对侵犯内河不仅毫无自责之意，反而变本加厉。19 日，威德尔率属下在虎门地区纵火烧毁了 3 艘中国帆船，焚毁一个市镇，抢夺 30 头猪。21 日，又攻占并炸毁虎门亚娘鞋炮台，焚毁大帆船一艘。

　　由于英国人此行的主要目的是为了打开贸易通道，而在虎门犯下的滔天罪行，使英国人觉得自己的所作所为背离了初衷，再加上明军加强了防守，英国舰队只得驶回澳门，请求葡萄牙人出面转圜。1637 年 11 月 22 日，英商在广州答应中国的要求，赔偿白银 2800 两，并向中国官员提交了一份保证书，对虎门事件表示歉意，保证完成贸易后即离去。据此，广州官员决定对其不予追究，令其完成贸易后尽快离境。12 月 29 日，威德尔船队离开澳门，启程回国，中英之间充满火药味的第一次交往就此结束。

肆柒 郑成功是怎样收复台湾的

　　荷兰侵略者在台湾 38 年的殖民统治结束了，宝岛台湾又回到了祖国的怀抱，这使郑成功成为中国人民心目中的民族英雄。郑成功光复台湾后，写下这首《复台》诗："开辟荆榛逐荷夷，十年始克复先基。田横尚有三千客，茹苦间关不忍离。"

　　郑成功，是我国明清之际的民族英雄。他祖籍河南省固始县，于 1624 年 8 月出生于日本长崎县平户千里滨，史书记载他"少年聪敏，英勇有为"。其父是明将郑芝龙，其母是日本人田川氏。清兵入闽后，其父郑芝龙迎降，他哭谏不听，起兵抗清。郑成功依据海上优势，盘踞小金门和厦门一带，屡屡大败清军。清廷震惊，下令命郑芝龙招抚郑成功。郑芝龙的弟弟郑芝豹等人均受降，唯郑成功坚决不受。他在给父亲的信中说："吾父往见贝勒（指其父降清）之时，已入谷中，其得全至今者，亦大幸也。万一吾父不幸，天也，命也，儿只有缟素复仇，以结忠孝两全之局耳。"在忠孝两全之间，郑成功选择了尽忠。1657年，由于劝说不成，清廷迁怒于郑芝龙兄弟，"囚郑芝龙于高墙、郑芝豹于宁古塔"。

顺治十五年（1658年），郑成功统率水陆军队10万余人北伐，次年入长江，克镇江，围南京。但是，郑成功因为屡屡获胜，产生轻敌思想，结果"诸军皆奔溃，遂大败"。郑成功不得已率余部从水上而逃，最终又回到了原点，退至金门、厦门一带，元气大伤。这时的郑成功受到了清军的极大压力。在这种形势下，郑成功感到收复台湾已不容踌躇，于是召集文武官员，讨论进军台湾问题。他认为形势紧迫，"附近无可措足，惟台湾一地离此不远，暂取之，并可以连金、厦而抚诸岛"，然后"进则可战而复中原之地，退则可守而无内顾之忧"。于是，郑成功做出"亲征"台湾的重大决策。

荷兰人在17世纪初屡次侵入中国粤闽海域，要求与中国贸易，均遭中国地方官员的拒绝。1623年8月，荷兰人进犯福建沿海，被明福建水师击败，退往澎湖，1624年在明军的攻击下，退往台湾。之后，荷兰人在台湾建筑城堡，开始对台湾实行殖民统治。1642年，

清　胡锡珪　《郑成功像》（局部）

荷军将位于台北的西班牙殖民军驱逐出台湾，从此荷兰殖民者独占台湾全岛。

1661 年三月，郑成功率领众将士在金门"祭江"，举行隆重的誓师仪式。一切准备就绪后，郑成功亲率将士 2.5 万、战船数百艘，自金门料罗湾出发，经澎湖，出其不意地在鹿耳门及禾寮港登陆，包围了赤嵌城荷军，并割断了赤嵌城与台湾城之间的联系。当时，赤嵌城约有荷军 400 人，台湾城中约有荷军 1100 人。荷军兵力虽弱，但气焰嚣张，他们狂妄叫嚣"二十五个中国人合在一起还比不上一个荷兰兵"，"只要放一阵排枪，打中其中几个人，他们便会吓得四散逃跑，全部瓦解"。但是，当荷军对郑成功的反扑被挫败后，赤嵌城和台湾城已成为两座孤立的城堡，相互间的联系完全割断。荷方承认，当时赤嵌城守军"力量单薄，处境危急"，"热兰遮城堡也由于地势关系，难以坚守，热兰遮市区更是完全处于敌军的包围和控制之下"。

这年四月三日，郑军的士兵在赤嵌城外抓到了赤嵌城荷军统帅描难实叮的弟弟和弟媳。郑成功对他们讲明利害，表示："土地我故有，当还我；珍宝恣尔载归。"土地是中国的，必须归还，至于你们的东西，可以带走。四月四日，赤嵌城的水源被台湾人民切断。描难实叮见援兵无望，孤城难守，不得不挂白旗投降。这样，郑成功在登陆后第四天，就收复了赤嵌城。

台湾城是荷兰殖民者在台湾的统治中心，荷兰殖民者依据"用糖水调灰垒砖，坚于石"的城堡继续顽抗。鉴于台湾城城池坚固，强攻一时难以得手，为了减少伤亡，进一步做好准备，郑成功决定采取"围困俟其自降"的方针。台湾城的荷军被围数月，军粮得不到补给，因而士气低落，不愿再战。郑成功见时机已到，于是在 1662 年农历一月二十五日清晨，命令军队进攻台湾城。郑军占领了居高临下的乌特利支圆堡后，将其改建为炮台，向台湾城猛烈轰击。荷军岌岌可危。为了避免普通老百姓的伤亡，在这种情况下，郑成功再次派人劝降荷军。台湾城统帅揆一说："此地非尔所有，乃前太师练兵之所。今藩主前来，是复其故土。此处离尔国遥远，安能久乎？藩主动柔远之念，不忍加害，开尔一面：凡仓库不许擅用；其余尔等珍宝珠银私积，悉听载归。如若执迷不悟，明日环山海，悉有油薪磺柴积垒齐攻。船毁城破，悔之莫及。"荷兰侵略者此时已弹尽粮绝，疾疫流行，已完全绝望。揆一在这种形势下，决定"愿罢兵约降，请乞归国"。

荷兰军队交出了所有的武器和物资，残存的包括伤病员在内的约 900 余名荷兰军民，乘船撤离了台湾岛。至此，荷兰侵略者在台湾 38 年的殖民统治结束了，宝岛台湾又回到了祖国的怀抱，这也使郑成功成为中国人民心目中的民族英雄。郑成功收复台湾后，写下这首《复台》诗："开辟荆榛逐荷夷，十年始克复先基。田横尚有三千客，茹苦间关不忍离。"

郑成功之所以成为民族英雄，受到后人敬仰，不仅因为他收复了台湾，还因为他尽全力对海外华人实施保护。西班牙殖民者占领菲律宾后，曾屠杀在菲律宾的华侨、华商，死亡人数达 5 万余众。1662 年，郑成功攻下台湾，于是遣使到菲律宾向西班牙总督递交国书，谴责其杀戮、掠夺华侨的罪行，严令其改邪归正，俯首纳贡，但西班牙人反而因此在马尼拉进行了第三次对华侨的屠杀。郑成功闻讯大怒，决定挥师征讨，为华侨报仇。他一面抚恤、安置从菲律宾逃到台湾的华侨，一面组织筹备军队，派人暗中与在菲律宾的华侨联络，以到时可里应外合。但还没出兵，郑成功就因疟疾病逝，享年 39 岁。郑成功死后，康熙皇帝曾为其题撰挽联："四镇多贰心，两岛屯师，敢向东南争半壁；诸王无寸土，一隅抗志，方知海外有孤忠。"

肆·捌 李自成百万大军瓦解于鼠疫

翻看史书，精明能干的努尔哈赤不能战胜不大过问政事的万历皇帝灭掉明朝，明显才干不高的顺治帝却能取代励精图治的崇祯帝与豪情万丈的李自成而入主中原，仅仅因清军战马遭跳蚤讨厌，真正令人拍案惊奇！

明朝末年，各种社会矛盾空前激化，全国各地反抗斗争层出不穷，陕西又逢旱灾，人民无法生活。崇祯元年（1628年）七月，陕西爆发了多起农民起义。起义军在与明军的战争过程中逐渐集中起来，至崇祯十三年（1640年）底，汇合为以李自成、张献忠、罗汝才为首的几支农民军。其中，李自成吸取知识分子的意见，开始实施"行仁义，收人心""据河洛，取天下"的战略，政治上实施"免粮""安民""平买平卖"政策，并大力开展瓦解敌人的宣传工作，形成"民皆附贼而不附兵"的局面。李自成在崇祯十四至十六年（1641—1643）间，实力迅速扩大，收编了大量官军。崇祯十七年（1644年）初，李自成在西安建立大顺政权后，开始向北京进军。三月，部队迫至京师城下。十七日，官军三大营投降。十八日，守城太监开门献城。十九日，破皇城。明思宗朱由检自缢，明王朝的统治终于被农民起义推翻。但是，盛极一时的农民军队却在清军与吴三桂军队的联合进攻下迅速失败，李自成也死于地主武装的袭击中。是什么原因导致李自成起义军的溃败呢？

有人认为是起义军进入北京后军心涣散，军纪败坏，导致了他们的溃败。但是，李自成起义军能够迅速扩大，并且能得到百姓拥护的根本原因是其军纪严明，早在起义之初，他就提出了"剿兵安民"的口号，提出"杀一人者如杀我父，淫一女者如淫我母"，严肃军纪，并且下令"三年不征，一民不杀"。

大顺军在入京之初，便迅速地稳定了局势，恢复了北京居民的正常生活秩序。赵士锦在大顺军进城时是明工部官员，他根据亲眼所见的记载说，大顺军进城之后，鉴于官军停止了抵抗，立即就"不杀人了"。义军战士"俱白帽青衣，御甲负箭，衔枚贯走"，百姓"有行走者，避于道旁，亦不相诘"，丝毫不加侵犯。为了防止敌对活动，义军"添设门兵，禁人出入；放马兵入城，街坊胡同无不至者，但不抄掠"。在数以万计的入城大军中，个别违反纪律的现象的所难免，但一当发现违纪事件时，均能秉公执法，迅速处理。赵士锦就记载说："贼初入城，有兵二人抢前门铺中绸缎，即磔杀之，以手足钉于前门左栅栏上，予目击之。"当时在北京充当明给事中涂必泓记室的徐应芬（署名聋道人），在其著作中虽然提到个别义军战士有贪图便宜暗中窃取银钱的现象，但他仍然不得不承认："至淫、夺、斩、杀之事，则犹未见也。"

由于大顺军在加强对京师的控制的同时，又注意约束军纪，因此，当时北京的社会秩序是良好的。大顺军在普通居民中享有很高的

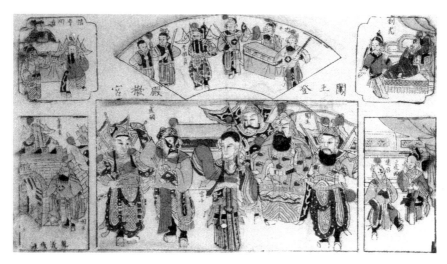

民间风俗画　《闯王登殿》

威信，如杨士聪记载说："都人嫁女于贼营者甚多，甚以为荣。"甚至李自成亲自统率大军前往山海关讨伐吴三桂，京师的守备力量大大削弱的时候，依然保持了局面的稳定。这也说明大顺军为稳定京师社会秩序所做的努力，收到了显著的效果。当然，李自成起义军的高层的确存在着腐化堕落的现象，但部队的战斗力大多由普通士兵决定，我们也很难说是高层的腐化导致全军的溃败。

是因为李自成起义军的军饷得不到保障，而军心不稳吗？李自成大军在北京通过肃贪追赃搞到了 7000 万两银子，相当于明朝 10 年的税收，这笔军饷足可支撑他庞大的军队。

既然不是军纪涣散导致的溃败，那么是什么原因导致了号称百万雄兵，又有着雄厚财力保障的起义军在进京 40 天后突然间失去了战斗力，在清军的攻击下一触即溃，兵败如山倒，而且从此一蹶不振？

仔细地研究历史，或许我们能得出一个惊人的结论，原来李自成并非败于清廷和吴三桂，而是败于当时肆虐横行的鼠疫！

鼠疫是鼠疫杆菌借鼠蚤传播为主的烈性传染病，系广泛流行于野生啮齿动物间的一种自然疫源性疾病，也叫作黑死病。临床上表现为发热、严重毒血症症状淋巴结肿大、肺炎、出血倾向等。该病远在2000年前即有记载。世界上曾发生过三次大流行，第一次发生在6世纪，从地中海地区传入欧洲，死亡近1亿人；第二次发生在14世纪，波及欧、亚、非；第三次是18世纪，传播至32个国家。14世纪大流行时波及我国。

按照北京周边的大兴县志记载，李自成进京前，北京出现了大量死耗子，随后军民发病，高烧、四肢无力、脖子肿大，而且患病者十死七八。这是什么病？按现代医学对照病症一看，这原来是可怕的鼠疫，大头瘟或疙疽所描述的其实就是腺鼠疫的典型特征——淋巴肿大。鼠疫于崇祯十六年（1643年）秋出现，崇祯十七年（1644年）春天，天气转暖，跳蚤、老鼠开始趋向活跃，大规模的鼠疫自然爆发。鼠疫先"消灭"了崇祯帝的御林军，让李自成轻松进京，然后又感染了进入北京城的李自成大军，起义军自然战斗力大减，当然打不过清兵。最可怕的是，败兵因此成了鼠疫传染源，据文献记载"贼过处皆大疫"。因此李自成虽然此时财雄天下，可以大规模招兵买马，但新兵入伍即染鼠疫失去战斗力，兵力再多也没用，始终无法抵挡清廷的虎狼之师。由于军人是集体生活，所以鼠疫流行对古代军人的打击是毁灭性的。鼠疫蔓延军营，且长时间无法摆脱，李自成的精神遭受打击，因此痛失江山并一蹶不振，"无可奈何花落去"。以当时的科技水平，无论是崇祯帝或是李自成都不可能了解这种可怕传染病，都不知道自己的精锐部队已经在短时间内失去了战斗力。他们的失败不可避免。

也许有人会问，清军就不会被鼠疫传染吗？科学研究发现，鼠疫传播过程有一个必不可少的传播媒介——跳蚤。由跳蚤吸咬病鼠或病人的血后，跳蚤被鼠疫杆菌感染而发病。发病的跳蚤吸血困难而十分饥饿，因而不断叮咬人、鼠，并反吐被鼠疫杆菌污染的血，导致更多人、鼠被感染鼠疫。但是，奇怪的是，跳蚤有一个奇怪的习性——它讨厌马的味道。我们在现代传染病研究的文献中可以发现，鼠蚤的寄生对象没有马，所以骑兵很少会被传染。而清军八旗兵几乎全是骑兵，所以清兵能够在鼠疫流行中幸存，以饱满的精神攻击对手。

翻看历史，精明能干的努尔哈赤不能战胜不大过问政事的万历皇帝灭掉明朝，而明显才干不高的顺治帝却能取代励精图治的崇祯帝与豪情万丈的李自成入主中原，仅仅因其骑兵遭跳蚤讨厌，真正令人拍案惊奇！

肆玖 明清百姓见官有什么礼节

在中国的封建社会时期，礼节方面的要求是非常多的。尤其是在地位相差很大的人之间，礼节更是必不可少。臣子见了皇帝要行礼，儿子见了父亲要行礼，百姓见了官员还要行礼。那么，那个时候的百姓见到官员要行怎样的礼呢？

我国封建制度最为完善的时期是明清时代，因此明清时期的等级制度非常完备，各种礼仪也十分周全。封建时代的官吏出行时，讲究鸣锣开道，仆役在前头扛着两块牌子，一块写着"肃静"，一块写着"回避"，意思就是告诉百姓"安静些，躲着点"。如果平民百姓不慎冲撞或者让道不及时的话，都会为此获罪。而"鸣锣开道"也有很多的讲究，根据官员的等级决定鸣锣的次数：县官出行时鸣锣七下，意思是"军民大家都要闪开"；道、府官员出行鸣锣九下，意思是"官史军民人人等齐闪开"；提督、巡抚出行时鸣锣十一下，意思是"文武官员军民人人等齐闪开"；若是都统以上的官员出行时，则要打十三棒锣，意思是"大小文武官员军民人人等齐闪开"。

看看，官员还在路上的要求就是这么多，那么百姓面官时的礼节那还了得？事实上，明清时期百姓在官员面前要表现得很卑微，尤其是清代引入满族的一些礼仪之后，百姓面官之时的礼节要求就更为严格了，百姓必须要行跪拜之礼，向官员们请安。而且往往呼官员为"老爷"或者"大人"，自称为"小人"或者"小民"等。

其实抛却这些渗透着官僚主义的礼节，作为礼仪之邦的我国，古代的礼节还是有很多值得玩味的地方。

中国古代有"吉、嘉、宾、军、凶"的"五礼"之说，祭祀之事为吉礼，冠婚之事为嘉礼，宾客之事为宾礼，军旅之事为军礼，丧葬之事为凶礼。这些都是"大礼"，在日常生活中并不多见。而生活中人们见面时常用的礼节，大致可分为以下几种。

揖礼。拱手行礼，是为揖。这是古代宾主相见时最常用的礼节。揖让之礼分为三种：一专用于没有婚姻关系的异姓，行礼时推手微向下；二专用于有婚姻关系的异姓，行礼时推手平而致于前；三专用于同姓宾客，行礼时推手微向上。另外还有"长揖"一说，这是古代不分尊卑的相见礼，行礼时拱手高举，自上而下。

拱礼。行礼时两手在胸前相合，表示对对方的敬意。《论语》中描述的"子路拱而立"，说的就是这种礼节。

拜礼。这是古代表示恭敬的一种礼节。行礼时拱手弯腰，两手在胸前合抱，头向前俯，额触双手。

拜手礼。行礼时需要双膝跪倒，两手拱合到地，头靠在手上，也称作"拜首"。

再拜。拜两次为再拜，表示礼节之隆重。

顿首。跪而头叩地为顿首。"顿"是稍停的意思。行礼时头碰地即起，因其头接触地面时间短暂，故称顿首。这种礼节通常用于下级

清　徐扬　《乾隆南巡图卷第六卷·驻跸姑苏》（局部）

对上或者平辈之间。

稽首。古代的一种跪拜礼。"稽"是停留拖延的意思，与"顿"正好相反。行礼时施礼者屈膝跪地，左手按右手，拱手于地，头也缓缓至于地，手在膝前，头在手后。行此礼要注意的是头在地必须停留一段时间。稽首是最重的礼节，常为臣子拜见君王时所用。

道万福。这是旧时女子的礼节。唐宋时妇女与人见面，在行礼的同时经常口中道"万福"，意为祝对方多福。行此礼时，双手手指相扣，放至右腰侧，弯腰屈身以示敬意。

　　投刺。这类似于现代社会交际中互换名片。古人把自己的姓名、籍贯、官爵和要说的事情刺在削好的竹片上或写在纸上，这竹片或者纸张就叫作"谒"或"名帖"。

　　在我们今天看来，古人的这些礼节可能会被视为繁文缛节。但是，这是中国古代文化的一部分，对研究古代社会风俗人情有着重要的意义。

伍拾 清代男子发型不只长辫子

提起清朝时期男子的发式，人们自然而然就会想到"阴阳头"，也就是把头顶的前半部分头发剃掉，后半部分编成发辫。其实，这并不是清朝刚统治中国时男子的发式。清朝初期，男子留的并不是一条粗长的辫子，而是另一种发式。

1644 年，清军入关。在同年的九月，顺治皇帝荣登大宝，中国从此进入清朝统治的时代。

清朝满族统治者为了加强对汉族的统治，推行了"剃发易服"的政策。施行这项政策的原因有三点，一是满族统治者将剃发作为汉人是否接受清朝统治的重要身体标志；二是清廷希望通过"剃发易服"来打击、摧垮汉族人民，尤其是上层人士的民族精神；三是确保满族的统治地位，避免满族被汉族同化。

在清军攻陷广州后颁布的"剃发易服"令中说："金钱鼠尾，乃新朝之雅政；峨冠博带，实亡国之陋规。"里面提到的"金钱鼠尾"，就是清朝初期男子的发式。"金钱鼠尾"就是在头顶只留金钱大小般的一片头发，蓄作手指粗细的小辫子。而发辫要比小拇指还细，能够穿过铜钱的方孔才算合格。能穿过铜钱孔的辫子，又怎么会是又长又粗的辫子呢？我们在电视剧中看到的男子的长发辫，是在经过了200多年后的清末时期才出现的。

而就算是正统的"金钱鼠尾"，在不同时期也有不同的样子。女真后金时期，将剃发看作是汉人归降的标准，此时男子的大部分头发被剃掉，只留脑后小手指般粗细的一绺，拧成绳索一样下垂，配合这样的发式，胡须只留上唇左右十余根。而在清初时期，剃发又成了治国之策，金钱鼠尾的部位逐渐从脑后移到了头顶。不管是脑后还是头顶，因为细小都可以称之为金钱鼠尾。而到了嘉庆初年，头顶着发的部位虽没有变，不过面积已远不止一枚铜钱大，足有四五枚铜钱般大小，相当于一掌心的面积，而且蓄发数量明显增加。胡须也从只留上唇左右几根变成包括下巴在内的全部。到了清代后期，男子的发式逐步演变为将顶发四周边缘只剃去寸许，中间保留长发，分3绺编成一条辫子垂在脑后，名为辫子或称发辫，这也就是我们在清宫剧里所看到的男子发式。

而一些文献资料，也为清朝男子的发式经历了演变提供了有力的佐证。如日本商人竹内藤所著的《鞑靼漂流记》一书，这样描写清人的发式："他们的人都剃头，把头顶上的头发留下来，分成三绺编成辫子。他们男子把唇上的胡须留下来，把下面的剃掉。无论是大官、小官和老百姓都一样。"1648年，七峰樵道人的《七峰遗编》记载满人发式，是所谓的"金钱小顶"。1799年，中川忠英出版了一本专门辑录清朝人习俗的书《清俗纪闻》。在书中《冠礼》卷的绘画中，有一侧背站立的教书先生，他头顶蓄发，编一长辫垂于后背，长度已达腰部，辫尾有发带系结。图上的式样与清初的金钱鼠尾相比，蓄发的

清　佚名　外销画·打磨

清　佚名　外销画·车烟杆

清　佚名　外销画·做烟

清　佚名　外销画·弹棉花

图中清代男子头后发尾并不都是长辫子。

数量比清初明显增多了。但是如果将剃发与蓄发相比较，剃发还是占了大部分。而再过了 100 年，清人的辫子变粗了，剃头面积变小了，由初期的金钱鼠尾式变成了今人熟知的阴阳头。

如此说来，清代男子的发辫有一个演变过程，而这演变过程大致可分为鼠尾、猪尾、牛尾这三个阶段。嘉庆以前为鼠尾，也就是说清朝最繁盛的时候，男子皆是"金钱鼠尾"。嘉庆初年开始流行猪尾，直到清末才演变为半光头式的牛尾。而且我们将清末的发式与金钱鼠尾比较一下，会发现两者虽是继承演变关系，但差别较大。金钱鼠尾几乎将全部头发剃掉，只留脑后小手指细的结辫下垂。而清末则将大部分头发保留下来，结辫下垂，仅剃掉极少一部分头发。二者都是又剃又辫的发式，却给人两种印象。

清朝自建立之日起，一道剃发令改变了汉族男子的传统发式，由此展开了清朝的统治，并且构成了清代有别于汉族统治朝代的社会内容。

伍壹 吴三桂缘何令儿媳痛苦一生

1653 年，顺治帝挑选平西王吴三桂的儿子吴应熊为十四额驸马，并为十四公主与吴应熊举行了隆重的婚礼。十四公主逃离了戏说里与其他女子共侍一夫的命运，但实际上，她的人生结局更为不幸，这一切的根源在于她的公公——吴三桂，这究竟是为什么呢？

吴三桂是中华五千年历史长河中的风云人物之一，他引清兵入关的行为，给中国历史的进程抹上了浓重的一笔。然而，正是这样一位曾经为大清王朝立下汗马功劳，曾经在大清王朝位极人臣的武将，却以悲惨的结局走完了显赫的一生。其实，在吴三桂身首异处的背后，还有着比他更痛苦的人物，这就是十四公主。一个朝廷的公主，为何会因为一个藩王而痛苦一生呢？其中究竟有何玄机？这还得从十四公主成为吴三桂的儿媳后开始说起。

自从 1653 年嫁给吴三桂的儿子吴应熊之后，十四公主与驸马恩恩爱爱，夫妻两人感情非常和睦。在外人看来，这桩门当户对的婚姻绝对是美满的，一方是为大清王朝立过汗马功劳的藩王，另一方是朝廷的公主，十四公主与吴应熊两人自然备受敬仰。但是，这种表面风光背后的无奈，只有十四公主自己心里清楚。自从兄长当年将其嫁给吴三桂当儿媳妇之时起，她很清楚，自己的命运便注定会在朝廷与吴三桂的关系之间苦苦挣扎。两者关系好，她自然会有一个好的结局；一旦两者关系恶化，她必将会成为朝廷政治斗争的牺牲品。但是出身帝王之家的她，除了默默地接受这一残酷的现实之外，别无选择。令她欣慰的是，在她与吴应熊喜结连理的 18 年间，朝廷与吴三桂之间尽管存在摩擦，但总体上是和睦的，因此也并没有给她的生活带来多大的影响，真正将她的命运推向绝境的，是 1670 年朝廷与吴三桂关系的恶化。

1671 年是吴三桂的六十大寿，朝廷特意颁旨，恩准公主、驸马以及他们的儿子吴世霖去云南祝寿。这对于吴应熊与吴三桂来说，当然是一个特大的喜讯，但是对于十四公主而言却是一件苦差事。她当然知道朝廷恩准她去云南为公公祝寿的真意，名为祝寿，实则肩负着为公公和朝廷之间消除猜忌、立志言和的使命。这足以表明，朝廷对吴三桂的猜忌日深。吴三桂对云、贵两省长达几十年的驻守，已经使他心里产生了一种云、贵两省属于他的藩邸的错觉，要消除他与朝廷之间的猜忌，首先就要消除他这种错觉。一旦吴三桂这种错觉被打破，其后果，轻则引起他对朝廷的不满，重则很有可能会引发更大的叛乱。带着忐忑不安的心情，十四公主与驸马终于进入昆明城，整个昆明已经被节日的氛围所笼罩。吴三桂已经与夫人和王妃率领当地百姓在距王府几十米的道路两旁跪迎公主和驸马的到来，公主立即下车，大礼参拜公婆。

在十四公主和驸马两人共同的规劝和朝廷的压力下，吴三桂似乎有了松动的迹象。1673 年 7 月，吴三桂主动向朝廷疏请撤藩，尽管康熙皇帝明知他只不过是故意做作，但这种机会难得，于是将计就计，准许了他的请求，并立刻派人前往云贵，与吴三桂商量关于撤藩的事宜。听到这个消息之后，十四公主终于松了一口气，在她看来，只要公公能够按照朝廷的安排将家眷、部下带回锦州便可以万事大吉了，一直以来缠绕在她心头的那个最为牵挂的问题便可得以彻底解决。于是她日日遥望着南方的天空，期盼着公公的到来。同年 12 月 21 日，终于有了公公的音讯，但这个消息却犹如一个晴天霹雳，将十四公主憧憬着全家大团圆的美梦彻底击碎：吴三桂扣留了朝廷派去商量撤藩事宜的折尔肯与傅达礼，执杀云南巡抚朱国治，踞云南反叛，自称天下都招讨兵马大元帅，蓄发易服，国号"周"，以来年为周王昭武元年。很显然，随着吴三桂的叛乱，十四公主心里很清楚，她与吴应熊的夫妻关系也已经走到了尽头。

1674 年 4 月 13 日，康熙皇帝下令处死吴应熊及其子吴世霖。吴三桂的叛乱，使他的儿子和孙子付出了生命的代价，也将他的儿媳推向了绝境。年仅 33 岁的十四公主，顷刻间失去了丈夫和儿子，成为没有家庭依靠的寡妇。在十四公主此后的 30 年孤独的岁月之中，尽管康熙皇帝为了弥补内心的愧疚，多次下诏安抚在吴三桂叛乱中受到巨大伤害的姑母，然而，一纸诏书又怎能弥补失去丈夫和儿子的伤痛？

曹雪芹的祖父竟是康熙的密探吗

　　曹雪芹是我国四大名著之一《红楼梦》的作者，然而关于他的家世、他的祖父曹寅等情况我们知之甚少。前几年，又有了这样一种论断，说曹雪芹的祖父竟然给康熙皇帝当了20年的密探，这样匪夷所思的事情，难道是真的吗？

　　在中国古代，天气、天象等信息都与国家的前途息息相关，所以历代君王都十分重视天气情况，这些情况也都被认为是国家的机密，不允许更多的人掌握。在清朝康熙年间，我国自然灾害尤为严重，旱灾和蝗灾频频发生。为了国家的长治久安，皇帝一定要对各种自然现象了然于心。在康熙皇帝在位的61年之中，他非常重视各地传来的有关天气正常或是异常的报告。

　　众所周知，康熙皇帝是一个善于学习的君主，早在康熙初年，他就开始接触一些西方来的传教士。他从这些传教士那里学到一些观察天气的常识，并懂得了记录天气情况的重要性，于是他在全国各地都安插了自己的亲信，帮他观察与记录各地区的天气情况。康熙皇帝希

望能够从记载下来的这些文献中找到气候的变化规律，可以在以后的
日子里能够预防那些自然灾害。

曹雪芹的祖父曹寅就是康熙皇帝安排在南方的一名帮他记录天气
情况的密奏使。他的密奏中有关于区域性的天气、粮食价格以及盗匪
等问题的报告，这种密奏方式也是康熙皇帝管理农业国家的手段之
一。康熙皇帝非常重视他赋予曹寅及其大舅子苏州织造李煦、后代曹
颙、曹頫等人的这项特殊政治任务，允许他们"专折密奏"江南地区
的官风民情，并"亲手写奏帖来"。对于曹家来说，这种待遇承载着
一项特殊的使命。

曹寅将一面写过字的纸熟练地折成复杂的六角形，上面的"报
告"是除了康熙皇帝以外任何人也不允许看的。这张纸在康熙皇帝的
手中打开后，是一张 10 厘米宽、20 厘米高的密奏。从江宁到北京，
骑马传递这张纸要 20 天左右。这项在曹寅和康熙皇帝之间的秘密传
送工作，一直进行了 20 年之久。因此，美国耶鲁大学历史学家史景
迁称曹寅为"康熙的密探"。

曹寅将他折成六角形的密报，放在一个用封条封好的小信封里，
封条的上面写着"固"，下面写着"封"，信封上写着"奏折"。他又
拿出一只大信封，套住这只小信封，在外面用一根白纸条扎住，他在
纸条下写上自己的全部衔阶和名字，然后小心翼翼地用白纸包好，同
样在白纸的包装口下方写上自己的全部衔阶和名字，最后用来封箴的
几个字是"臣寅""叩首谨封"。

康熙皇帝看完这封信后，无论怎样批注，最后都会被一个朱红的
"封"字封过后，再传到曹寅的手中。

曹寅、李煦等人给康熙皇帝的密奏中，有天气问题，如雨水、冰
灾；有粮食问题，如收成、米价；有社情民意，如疫病、民情、官吏

贪廉，这些都是远在京城的康熙皇帝所关心的。在那个信息匮乏的时代，这些利用秘密渠道传输的情报，可以算是一种内参形式了，通过这些内参，康熙皇帝可以对全国各地的实际情况做到"心知肚明""明察秋毫"。

中国社会科学院教授赫治清在《中国历代自然灾害及其对策研究》课题中说："康熙年间旱灾尤为突出，在历史的长河中百年不遇的旱情就出现过12次；康熙四年（1665年）、康熙三十五年（1696年）的风暴潮灾，风助浪势，冲入沿海一带就是数百里，这样巨大的风暴潮不仅淹了江浙沿海地区，把今天

清　佚名　《康熙帝读书像轴》

的上海和苏州也淹了。"赫治清说，在曹寅密报给康熙皇帝的奏折里，就雨雪分寸的测量、雨水入土几分、冰雪凝结几寸都有清楚的记载，这对于位居北国的帝王了解长江流域和沿海农耕情况起着至关重要的作用。

由此可知，曹寅等康熙皇帝的密探定期或是在一些值得注意的事情上，为清朝做出了相当大的贡献。

伍叁 末代皇后婉容的悲惨结局

婉容是中国两千多年封建社会的最后一个皇后，当时混乱的局势根本无法赋予她一个正常皇后所应该拥有的一切。在当时那个清朝已经退出历史舞台的时代，身为皇后的她注定会以一个悲惨命运收场。那么，婉容究竟有多悲惨呢？

婉容，郭布罗氏，达斡尔族，正白旗，1906 年出生于内务府大臣荣源府内。1922 年，年仅 16 岁的她因端庄秀美而又清新脱俗的容貌和精湛的琴棋书画而在贵族中享有盛誉。同年，婉容被选进宫，随后迅速被选为皇后。然而婉容的当选并不是因为她的美丽与多才，而是因为皇帝溥仪随手在她的照片上画了一个圈，同时也就圈定了婉容凄苦的一生。与婉容同时入选的还有另外一个少女——文绣，但是由于文绣的家族势力没有婉容家大，所以文绣退而居其次，成为皇妃。然而现在看来，婉容的幸运当选却正是她不幸命运的开始。

1924 年，冯玉祥逼宫，正式废除了流传于中国长达几千年的皇帝、皇后制度，溥仪带着婉容和文绣逃到了天津。三人在天津生活了十多年，期间，由于生活观念不同，婉容与文绣在一些小事情上经常发生冲突，进而发展到水火不容的地步，而溥仪在两者争吵之时，经常站在婉容一边，数落文绣的不是。1932 年，文绣忍无可忍，向当地法院提出了离婚的诉讼请求，这就是中国历史上有名的"皇妃诉皇帝离婚案"。文绣向法院所提出的这一离婚请求使溥仪在公众面前的脸面荡然无存，溥仪很痛苦也很气愤，于是将所有的愤怒发泄到了婉容身上。在他看来，既然婉容挤走了文绣，就必须要承担起一定的责任。从此，溥仪很少再主动和婉容说话，更很少走进婉容的卧室。

1932 年，也就是与文秀离婚的同年，溥仪逃至满洲，开始做他的"满洲国"皇帝，企图借助日本人的势力东山再起。婉容随后也跟着逃至东北，继续她的"皇后生涯"。但是，婉容逃至东北与溥仪会合后，其处境并没有得到明显的改善，溥仪不仅继续对她保持冷漠，而且还严格限制她的人身自由，使得原本极爱逛街和购物的她尝够了空虚、冷漠和寂寥的滋味。为了摆脱这种极其痛苦的生活，孤独而又寂寞难耐的婉容于 1935 年开始和溥仪一个姓李的侍从私通。为避人耳目，两人在公众场合很少当面说话，大多数是通过婉容屋里伺候她的一个老妈子来传信。没隔多久，有人便将婉容出轨之事向溥仪做了汇报，但是溥仪并不太相信，直到用人将婉容和姓李的侍从写在纸条上的约会的时间和地点交到溥仪的跟前，溥仪才相信婉容出轨之事是真的。看到这张纸条之后，溥仪极力克制着内心的愤怒，并没有将感情表露出来。当晚，正在婉容和姓李的侍从偷欢之际，被溥仪安排的心腹当场抓获。溥仪当即遣散了这个姓李的侍从，但是令他惊讶的是，此时婉容已经有了身孕。毫无疑问，这是婉容与李姓侍从的野种，溥仪龙颜震怒，决定扼杀这个孽种。无论婉容跪在溥仪面前怎样

溥仪和婉容

泪流满面地哀求，溥仪都无动于衷。最终，在婉容将婴儿生下来后还不到一个小时，溥仪便派人将其杀死，一个鲜活的生命就这样化成了一缕青烟。随着婴儿的消逝，婉容最后一丝做人的希望也彻底破灭，于是她开始借助鸦片来缓解内心的孤独、寂寞和痛苦。沉重的精神打击加剧了婉容的精神分裂，也加剧了她的烟瘾。但即便到了这步田地，她都没有想到过和溥仪分开。但是，她的这种"忠诚"并没有换来溥仪的回心转意。

20 世纪 40 年代初期，随着日本在中国战场上的节节失利，溥仪也开始为自己考虑未来的退路，于是他再次抛弃正处于极度痛苦之中的婉容，孤身一人逃往日本。1945 年抗日战争胜利之后，婉容的精神状况越来越差，烟瘾也越来越大，昔日美貌绝伦的皇后变成了骨瘦如柴、披头散发的活鬼。1946 年，婉容死在了吉林省延吉的一所监狱里，年仅 41 岁。那些在她当皇后之时曾经受过她恩泽、备享荣华富贵的亲朋好友，在她落难之际没有一个人来看望她，更没有一个人去寻找她的尸体，世态之炎凉由此可见一斑。

也许，正像后来溥仪在他的《我的前半生》一书中所说的一样，如果婉容当初在天津之时选择离婚，而不是跟随他去东北做伪满洲国的皇后，或许她不会有如此悲惨的结局。也许是那个动乱的时代造成了这个末代皇后的悲剧吧。

伍肆 历史上的李鸿章有那么坏吗

在今天人们的眼里，李鸿章就是无能的代表，是耻辱的代名词。然而，当我们静下心来从史料中仔细搜寻李鸿章的过去，当我们的思绪穿越时空重新回到那个腐朽不堪的大清王朝之时，可能会产生这样的疑问：我们真的给予李鸿章以客观的评价了吗？

李鸿章，本名章桐，字渐甫，号少荃，晚年自号仪叟，别号省心，谥文忠，安徽合肥人。他是中国清朝末期重臣，洋务运动的主要倡导者之一，也是淮军的创始人和统帅，官至直隶总督兼北洋通商大臣，授文华殿大学士。尽管日本首相伊藤博文和美国记者都给予了李鸿章以极高的评价，称他为"大清帝国唯一有能力扭转乾坤之人"，但是，在中国人民的心中，李鸿章却是一个徒有虚名的伪君子，一个十足的卖国贼。然而，李鸿章果真有着让后世人如此痛恨的"业绩"吗？"卖国贼"的称号当真可以理所当然地戴到他的头上吗？李鸿章之所以被后世所唾弃，其一是因为他所创办的洋务运动；其二是因为他签订了一系列丧权辱国的条约；其三是因为他镇压了太平天国。然而，这些都是他一人之过吗？

鸦片战争的失败，将中国推向了内忧外患的绝境。然而，政府身处如此进退两难的境地，一些封建士大夫却视而不见，或者认为外国器械是奇技淫巧，把洋枪洋炮当作妖法；或认为外国利器神妙莫测，无法学习；或认为学习西方就是以夷变夏。放眼整个朝廷，只有极少数有识之士将以往盲目自大的眼光投向了西方，李鸿章正是其中之一。为了学习西方先进技术来使腐朽不堪的大清王朝走向迅速发展的道路，李鸿章发动了洋务运动，创办了诸如江南制造局、天津机器局、北洋舰队、轮船招商局、电报局、开平矿务局等近代化工厂，还派遣了一批留学生，这些实业对中国的现代化进程起到了举足轻重的作用。然而，他这些努力却并没有换来世人的理解和同情。甲午中日战争失败后，世人又将挑剔的眼光投向了李鸿章，认为他崇洋媚外，使大清王朝在列强之中丢尽了脸面。扪心自问，如果没有李鸿章所发动的洋务运动，中国近代化的进程起码要再向后退几十年；如果没有李鸿章所发动的洋务运动，那么，在甲午中日战争中，清政府恐怕不是以失去几艘军舰和向日本赔偿二亿两白银能够将事情摆平的。实际上，洋务运动不仅不是一次"崇洋媚外"的愚昧举动，反而是中国另一种形式的改革。

诚然，李鸿章确实签订了许多丧权辱国的条约，但是在当时那种情况下，他除了把损失减到最小，还能做什么呢？真正心甘情愿与列强签订条约的是当时清朝的实权派人物慈禧太后，李鸿章只不过是慈禧太后与西方列强进行斡旋的工具，李鸿章当然只能按照慈禧太后的意旨行事，根本不可能有自己独立的思想。每次谈判，他总是面临签与不签两难的选择：如果选择前者，肯定会得罪全国的百姓；如果选择后者，又会得罪西方列强，从而给清政府带来更大的灾难。在这种情况下，除了通过权衡从中两害取其轻之外，他还能做什么呢？每一次在国家面临危机时，作为清政府的外交大臣，李鸿章当然必须代表政府出面来收拾残局，这也是他被国人视为卖国贼的主要原因。但是国人可曾想过，每次签订了不平等条约之后，他自己也要遭受多少伤痛与折磨。据史料记载，在签订完《马关条约》之后，李鸿章接二连三地遭到刺客的袭击。在《马关条约》签订前夕，一刺客在远处将一把匕首迎面朝他掷过来，幸好他躲得快，匕首擦脸而过，只划破了一点皮。第二天，他脸上捆着绷带，被迫在条约上签字。也许，

清　佚名　李鸿章像

当时的国人以为只要刺杀了李鸿章，日本企图通过《马关条约》在中国获取特权的妄想就会破产，实际上，日本这种早有预谋的计划怎么可能会因为一个大臣的被刺身亡而宣告终结呢？

就镇压太平天国这件事情而言，更是国人对李鸿章的评价有失公正和客观。镇压农民起义，是由他的阶级地位所决定的。许多历史事实告诉我们，在敌视人民这一点上，一切封建统治者是没有什么本质区别的。被后人誉为爱国英雄的岳飞和史可法，在阶级矛盾激化时都曾主张并执行了镇压农民的政策。我们能因为岳飞曾经镇压过农民运动而说他们不是爱国英雄，进而鄙视他、唾弃他吗？很显然，在对李鸿章的评价上面，国人戴上了一副有色眼镜。

在中国，评价一个人，尤其是像李鸿章这样在清朝起着举足轻重作用的人，是很容易同时也是很艰难的事情，但无疑的是，李鸿章肯定在 19 世纪的中国扮演着一个重要的角色。

伍伍 古代中国也有"一国两制"吗

"一国两制"是我国特有的一种社会主义政治制度。邓小平在 1981 年首次提出了"一国两制"的政治制度构想，这是一个伟大的科学构想。而且邓小平同志在谈"一国两制"时指出："历史上不是没有这样的先例。"的确，我国历史上就曾实行过"一国两制"政策。

我国北魏时期就实行过"一国两制"政策，中原及大部分地区沿袭封建制度，鲜卑族内部及故土则实行奴隶制度。这个"国策"自 398 年拓跋珪称帝至 494 年孝文帝迁都洛阳、改鲜卑为汉姓，历经北魏六代皇帝，也持续了将近一个世纪的时间。

鲜卑族拓跋部原本是漠北的一个小游牧部落，后来取得了大酋长的位置。在 338 年拓跋什翼犍即代王位，376 年前秦灭代绝杀王族，然而王孙拓跋珪幸免于难。10 年之后他召集旧部开始复兴代国，改国号为"魏"，史称北魏、后魏等。398 年，拓跋珪于平城（今山西省大同市）正式称帝，即魏道武帝。北魏鼎盛时拥有冀、鲁、晋、陇之全部及苏、豫、陕北部与辽西等地，占据北方大部分土地。

鲜卑人进入中原，并没有像其他少数民族那样深受汉文化的影响，而是保留了大量氏族社会的传统。根据他们的风俗，拓跋珪登位祭天需与七位功臣"蒙毡团拜"，七功臣代表着最早加入联盟的七个部落，史称"帝室七族"。帝室七族与拓跋氏构成宗室八姓，这就说明北魏的统治权并不是一个姓氏说了算，而是八族权力均等。于是拓跋珪为了巩固自己的皇权，就必须采取一定的措施来稳定鲜卑诸部骨干的军事力量，遂实行"颁赐群臣将士各有差"的政策，主要是按将士的战功大小分享虏获品，以此刺激鲜卑诸部形成强大的好战集团。从389年到451年，北魏俘虏人口百余万，均分给鲜卑诸部各级将士为奴隶，为其织绫锦、盖房屋、种蔬菜、牧牛羊，所以北魏政权在鲜卑族内部实行的是奴隶制度。

另外，北魏在占领中原之后，拓跋珪意识到，在人口、文化、生产方式等方面，汉族地区都比鲜卑族占有一定的优势。于是，他大胆地做出了这样的决定：让中原地区继续实行封建制度，任用汉族的士人，尽量录用有学识的汉族人，广纳良策；吸收汉族文化，制定出适合汉族地区的典章制度和赋税制度，建立封建政权机构。拓跋珪采取"计口授田"的封建生产方式，"劝课农桑"，扩大屯田，减轻租赋，并迁徙民众来充实京师，发展农业生产。在平城的郊区，那里的种田人大多来自中原。同时，稳步实行"离散诸部、分土定居"之策，推动拓跋鲜卑向封建制度转化。

直到孝文帝拓跋宏亲政后，北魏的"一国两制"制度才得以终结。孝文帝于494年迁都洛阳，全面改革鲜卑习俗，规定以汉服代替鲜卑服，以汉语代替鲜卑语，改鲜卑姓为汉姓，将自己的拓跋姓改为"元"，故孝文帝也叫元宏。北魏经过孝文帝的改革，成为一个强盛、统一的封建国家。

"一国两制"政策在辽也得到了广泛的应用。辽太祖征服以农耕为主的渤海国、辽太宗占据燕云十六州后，境内的民族成分复杂，生产和生活方式也都不一样，产生了多样化。契丹人及其他游牧民族。"畜牧畋猎以食，皮毛以衣，转徙随时，车马为家"，汉人和渤海人则"耕稼以食，桑麻以衣，宫室以居，城郭以治"。辽朝统治者根据南北的生产方式、生活习俗和民族构成等不同，采取相应的统治方式，以维持各民族原有的政治制度和经济制度，即"以国制治契丹，以汉制待汉人"。这一政治策略的基本宗旨是"蕃不治汉，汉不治蕃，蕃汉不同治"，这便是典型的中国古代"一国两制"政策了。

"一国两制"的治国方略是一个英明的政治制度，它不但有效地避免了各民族在政策上的混淆，而且也有利于各民族地区的安定和整个国家的稳定团结。历史证明，这是一种比较成功的治国方略和民族政策，对后来朝代的统治也都产生了深远的影响。

北魏孝文帝迁都石刻

伍陆 清朝拯救股市有何高招

动荡不安的股市总是会给人带来一线生机或是因股票被套而恐慌不安。在 1910 年的清朝人也有过类似的经历，那年夏季，清政府一边忙着抓捕各犯案金融机构的责任人，一边到处借款大举拯救股市，高官们甚至也奉旨亲临上海"灾区"现场办公。那么清政府是否拯救了这场股灾呢？

1910 年的夏季，清政府为了拯救股市可谓忙得不可开交。这一年，席卷全球的橡胶股市"奔牛"终于倒下，熊市卷土重来。在中国上海上市了约三分之一的东南亚橡胶企业，这令上海一跃成为全球橡胶股市的焦点，它吸收了中国 4000 多万两白银，这可是占了国家财政收入的一半以上了。

可是，令人不可思议的是，突然间股票就狂跌了。正元、谦余、兆康三家钱庄的庄主滥发庄票，大肆炒作橡胶股票，结果股市狂跌后，数百万两资金被套牢，最后造成周转失灵，结果只能关门大吉了。

见此情形，上海的外资银行也开始采取了一些措施，准备收回借给中国钱庄的所有资金。对于中国的这些钱庄来说，这就等于是火上浇油，随即一些大的钱庄也相继倒闭。面对这样的危机，上海地方政府也开始了行动。他们在正元钱庄倒闭之日就开始把相关钱庄的账本及有关人员控制羁押起来。上海道台蔡乃煌与商会人士紧急磋商，准备请政府出面救市。

蔡乃煌与商会会长赶紧前往南京汇报情况，在返回途中又到苏州请示了巡抚程德全，希望能够让政府出面作为担保再向外资银行借款。程德全立即向中央请示，北京下了批文，同意由政府出面担保钱庄从外资银行借款来救市。汇丰、荷兰、花旗、德华等九家外资银行向上海借出了 350 万两的款项，钱庄将相应数额的债票押给银行，并且由上海道台在债票上盖章，作为政府的担保，还款后债票再交予道台销毁。值得庆幸的是，这些外资银行并没有趁机向中国政府收取高额的利息，年息只有 4 厘，而且还大大低于市场行情，就相当于是金融援助了。

除了借款救市外，清政府亡羊补牢，开始抓捕犯案的金融机构的责任人。当时最重要的责任人就是正元钱庄的大股东陈逸卿，但因他是美国人的买办，所以受到了美国政府的庇护，美国政府拒绝由中国政府对其进行逮捕和审讯。再就是兆康钱庄的唐寿江，他有三品道台的顶戴花翎，所以两江总督张人骏只好请旨将其革职，并抄其家产。可是这位大清官员竟然还有一重身份，他已经是葡萄牙国籍了。但是葡萄牙民法有明文规定，不准他国的官员申请入籍，而唐寿江正是清政府的三品官员，所以不符合规定，于是张人骏照抓不误。

清政府就这样，在一边借款一边抓人的情况之下，把上海的市面给稳定下来了。但是这种危机的发生，清政府也有着不可推卸的责任。因为当时的上海是中国的金融中心，而且清政府的主要海关收入以及那些对外的巨额赔款也都集中在此地。一些官员在向慈禧太后打过报告后，就开始把上海的固有资金融入"殷实庄号"生意上来，而且一切都由那些官员进行督办。就在上海的橡胶股票投机狂潮中，这些巨额的国有资产也开始大量流入股市，对股市起到了一个哄抬的作用，最后却导致了股市大幅度下跌的状况。

清政府只能采取这种一边借款一边抓人的方式，来缓解股市给国家和人民带来的灾难。

伍柒 赛金花有功于"和议"吗

赛金花是晚清众多名妓之中最具传奇色彩的一个。她是一个坠入风尘的卑微女人，但她的一举一动却总是能够引来各界的瞩目，成为当时轰动一时且争论不休的新闻。她活着时让人琢磨不透，死后却又让人念念不忘，赛金花是怎样的一个人？她是否真的有功于国家？

每一个王朝的末期，社会上总会出现各式各样的风云人物，有英雄也有枭雄，有烈女也有名妓，赛金花就是晚清众多名妓之中最具传奇色彩的一个。她是一个坠入风尘的卑微女人，但她的一举一动却总是能够引来各界的瞩目，成为当时轰动一时且争论不休的新闻。她活着时让人琢磨不透，死后却又让人念念不忘，赛金花是怎样的一个人？她是否真的有功于国家？

赛金花初名为傅钰莲，又名彩云，原籍安徽黟县，1872年生于一个士绅家庭。母亲病逝后，她随父亲移居苏州。赛金花虽天生丽质，但无奈家庭败落，1886年，在一个远房亲戚的引荐下，14岁的赛金花被卖到苏州的所谓"花船"上为妓。光绪十三年（1887年），适逢前科状元洪钧回乡守孝，对赛金花一见倾心，遂纳为妾，洪钧时年48岁，赛金花年仅15岁。就这样，塞金花的人生发生了令人瞠目的变化。洪钧改其名为洪梦鸾。从此，赛金花由花船妓女一跃而成为"状元夫人"，完成了她生命中最重要的一次跨越。

洪钧服丧期满后，赛金花随其进京任职。进京后不久，洪钧就被任命为出使德、奥、俄、荷四国的特命全权大使。按照惯例，大使必须有夫人随行，但洪钧的夫人不愿前往，于是命赛金花随洪钧出访，并借诰命服饰给赛金花。因此，赛金花以公使夫人的名义出使四国。出使期间，她与洪钧在柏林居住数年，到过圣彼得堡、日内瓦等地，周旋于上层社会，受到过德皇威廉二世和皇后奥古斯塔·维多利亚的接见。在此期间，赛金花与后来的八国联军统帅瓦德西相识。在柏林居住期间，赛金花与洪钧生一女，取名德官。三年后，1892年11月30日，洪钧任满回到上海，12月底抵达北京，任兵部左侍郎，仍居于京城邸宅。

1893年，洪钧病死，赛金花成了个20岁出头的小寡妇。扶枢南归苏州时，她在青阳港遇到了旧日相好孙作舟（京剧武生）。在孙作舟的鼓动下，不甘寂寞的赛金花连夫家都没有回，留在了上海。赛金花在上海租了房子，买了两个姑娘，挂牌书寓，改名曹梦兰，重新走上了卖身的道路。赛金花也因状元夫人和公使夫人的招牌而名扬上海滩，被称为"花榜状元"。

1898年夏天，苏州状元陆润庠痛恨赛金花"伤风败俗"，于是串通上海知府，强迫赛金花离开了上海，北上天津。她的状元夫人的名牌也就亮到了天津，在天津、塘沽地区引起了不小的震动。这次赛金花不但亲自出马，还招募了一批年轻漂亮的女孩子，正式在江岔口胡同组成了南方风味的"金花班"，自己当起了鸨母。"赛金花"的名号就是由此而来的。1899 年，赛金花搬往北京，住在西单石头胡同，先后在高碑胡同、陕西巷挂牌营业。因她与京城名儒、巨商卢玉舫结拜，排行老二，因而人称赛二爷。

　　1900 年，在慈禧太后的默许下，义和团杀死了很多在华洋人，这其中包括德国公使克林德。列强以此为借口，进攻北京，慈禧太后和光绪皇帝逃往陕西。慈禧太后跑了，但是赛金花还留在八大胡同里。赛金花当时住在八大胡同之一的石头胡同，而石头胡同当时正好归德军管辖。当德国士兵在赛金花面前耀武扬威时，赛金花用一口流利的德语告诉德国士兵：我是你们德国皇帝威廉二世和皇后维多利亚的好朋友，请你们尊重我。德军士兵并不相信，但当赛金花拿出她当年同德国皇帝和皇后的合影时，德国士兵目瞪口呆，马上将这件事情报告给了八国联军总司令瓦德西。这次旧情复燃，使得赛金花有机会为慈禧太后求情，又劝瓦德西整肃军纪，少侵扰百姓，下令安民。

　　德国驻华公使克林德被杀后，他的夫人提出的议和条件是："光绪赔罪，慈禧抵命。"这苛刻的条件使负责谈判的李鸿章一筹莫展，在旁人的指点下，他也不得不找到赛金花，恳切相托。于是赛金花使出浑身解数，先是说服了瓦德西，接着对克林德夫人苦苦相劝，终于以在克林德遇害的东单牌楼附近竖一座纪念碑为条件，消除了和议中的阻碍，丧权辱国的《辛丑条约》，终于在光绪二十七年（1901 年）七月二十五日签订。

　　对于当时赛金花在北京的表现，清末小说《九尾龟》也曾有这样的记载，说赛金花到紫禁城与瓦德西相见，看到国人眼中神圣的皇家宫苑被八国联军占领，面目全非，爱国心油然而起："我虽然是个妓女，却究竟是中国人，遇着可以帮助中国的地方，自然要出力相助。"

苏曼殊在《焚剑记》中也曾记述过此事："彩云为状元夫人，至英国，与女王同摄小影。及状元死，彩云亦零落人间。庚子之役，与联军元帅瓦德西办外交，琉璃厂之国粹赖以保存。"赛金花的事迹自然在京城内外引起轰动，从贩夫走卒到公子王孙，一传十，十传百，赛金花被赋予了救国救民的光环，于是"议和大臣赛二爷"名满京城。

赛金花在庚子年间的义举，也有人持怀疑态度。他们认为赛金花和瓦德西只是见过一两面而已，不可能对瓦德西和克林德夫人有什么影响。有些人甚至连赛金花到底有没有与八国联军统帅瓦德西接触，也提出质疑。因为八国联军攻陷北京是在 1900 年 8 月 16 日，而同年 10 月瓦德西才率领 2 万德军到中国，与各种关于赛金花的史料记载有出入。如胡适在看了其安徽同乡、前北洋政府官员许世英的回忆录后，曾经写信给许世英，指出其中关于赛金花与瓦德西的记录多源自野史，准确度有问题，因北京攻陷在先，瓦德西来华在后。

不过，在北京众多的倚门之娼当中，精通欧语的确可以使赛金花脱颖而出，为"结与国之欢心"提供方便。至于赛金花是否对辛丑"和议"发生过作用，从史实上无据可查。不过我国学者在 20 世纪 80 年代曾经在德国发现瓦德西卫兵的日记，在这本日记里，有一些瓦德西与赛金花交往的细节。在当时及《辛丑条约》签订几十年后多数人的记录中，大部分人对赛金花的事迹还是持肯定态度的。如林语堂《京华烟云》："你（赛金花）做过一些义举，于社会有功，上苍总会有眼的。""北京总算有救了，免除了大规模杀戮抢劫，秩序逐渐在恢复中，这有赖于名妓赛金花的福荫。"夏衍《懒寻旧梦录》："朝堂上的大人物的心灵还不及一个妓女。"

尽管有功于"和议"，但是赛金花在《辛丑条约》签订之后，却没有得到应该得到的尊重。洪钧的同窗好友孙家鼐、洪钧的儿女亲家陆润庠容不得她在京城里出丑，丢人现眼。为了替死去的洪钧老状元遮丑，他们借着旗下一个叫凤玲的姑娘服食鸦片自杀，解散了赛金花的"金花班"，把赛金花赶出北京城，勒令她返回原籍苏州。

之后，赛金花又经过了两次不成功的婚姻，在被第三任婆家赶出家门后，50多岁的赛金花靠着典当和借债在北京居仁里一处平房内勉强度日。1934年10月，赛金花去世前两年，天津《大公报》的记者前来采访赛金花。赛金花双目微合，表情平静而肃穆。访谈录中有这样两句："记者：'女士一生经过，如此复杂，个人作何感想？'赛金花：'人生一梦耳，我现在念佛修行，忏悔一切。'"1936年冬天，赛金花油尽灯枯，享年66岁。她死后身无分文，多亏一些同乡的名士发起募捐，总算为她办妥了后事，并将她葬在陶然亭的锦秋墩上，如今墓地早已不存了。当时报上登了一副挽联，对她的生前与身后都进行了评价概括，联如下：救生灵于涂炭，救国家如沉沦，不得已色相牺牲，其功可歌，其德可颂；乏负廓之田园，乏立锥之庐舍，到如此穷愁病死，无儿来哭，无女来啼。

赛金花去世后，著名画家张大千为她作肖像画，齐白石为她题写墓碑。她亲笔题写的"国家是人人的国家，救国是人人的本分"至今犹存博物馆中。赛金花那爱国之心，比起当时的卖国贼、汉奸犹胜千万倍。"自古风尘出侠女"这句话也许是对赛金花一生的真实写照吧！